竞技武术套路动作库

国家体育总局武术运动管理中心　审定

长拳

人民体育出版社

图书在版编目（CIP）数据

长拳 / 国家体育总局武术运动管理中心审定. -- 北京：人民体育出版社，2023
（竞技武术套路动作库）
ISBN 978-7-5009-6335-6

Ⅰ. ①长… Ⅱ. ①国… Ⅲ. ①长拳－套路(武术) Ⅳ. ①G852.121.9

中国国家版本馆CIP数据核字(2023)第120241号

*

人民体育出版社出版发行
北京新华印刷有限公司印刷
新　华　书　店　经　销

*

710×1000　16 开本　13.5 印张　168 千字
2023 年 9 月第 1 版　　2023 年 9 月第 1 次印刷
印数：1—3,000册

*

ISBN 978-7-5009-6335-6
定价：43.00元

社址：北京市东城区体育馆路 8 号（天坛公园东门）
电话：67151482（发行部）　　邮编：100061
传真：67151483　　邮购：67118491
网址：www.psphpress.com
（购买本社图书，如遇有缺损页可与邮购部联系）

编 委 会

编委（以姓氏笔画为序）

于宏举　马　群　王二平　王世龙　王　怡
王晓娜　王　菊　方　坚　田　勇　冉千鑫
代流通　冯宏芳　冯静坤　匡　芬　吕福祥
刘志华　刘思伊　刘海波　孙新锋　李有华
李英奎　李艳君　李淑红　李朝旭　李　强
杨战旗　吴杰龙　吴贤举　吴雅楠　何　强
沈剑英　宋　林　张继东　陈　冲　陈恩堂
陈燕萍　范燕美　金肖冰　周　斌　房莹莹
赵　勇　袁新东　徐卫伟　徐翔鸿　黄建刚
曹　政　崔景辉　梁国德　童　昊　虞泽民
解乒乒　樊　义　魏丹彤

动作示范（以姓氏笔画为序）

王子文　巨文馨　吕泰东　刘忠鑫　汤　露
孙培原　杜洪杰　李剑鸣　杨顺洪　张雅玲
张　黎　陈洲理　查苏生　姚　洋　常志昭
梁永达　童　心

为武术更加灿烂的明天

——总结经典 传承经典 创造经典

陈恩堂

竞技武术套路动作库从立项到推出，历时3年有余，历经艰辛探究，今日终于得以付梓，令人欣喜万分。我谨代表国家体育总局武术运动管理中心、武术研究院、中国武术协会，对竞技武术套路动作库出版成书表示热烈的祝贺！

中华武术源远流长，博大精深，是中华民族优秀传统文化的瑰宝。古往今来，在武术发展的历史长河中，产生了许多独具特色的拳种流派，涌现了许多身怀绝技的武林高手，流传着许多让人津津乐道的传奇故事。历代的武术先辈们给我们留下了丰厚的武术遗产。作为新时代的武术人，把这份丰厚的武术遗产继承好、发展好，是我们义不容辞的责任。

把武术先辈们留下的丰厚武术遗产继承好、发展好，首先就是要对其进行系统地总结，在总结的基础上加以传承，在传承的过程中进行创新。竞技武术套路动作库，正是遵循这样的思路，总结经典，传承经典，创造经典。

——总结经典。竞技武术套路动作库，当前共收录具有源流和传统名称的武术经典动作1941式，分为长拳、刀术、棍术、剑术、枪术、南拳、南刀、南棍、太极拳、太极剑共10个子库，如字典汇编，毫分缕析，系统总结了长拳、南拳、太极拳三大拳种的经典动作，规范了技术方法，确定了技术标准，突出武术技击本质，展示武术攻防内涵。每一个经典动作都有源流出处，都具有传统名称，不仅符合人民群众对武术古往今来的认知，更是彰显了中华传统文化符号的经典魅力，充分体现了中华文化自信。

——传承经典。竞技武术套路动作库，通过总结经典，实现武术经典动作的标准化和规范化，本身就是对武术历史经典的传承。这些标准化、规范化的经典动作，既可供武术专业运动员在比赛中选用，让运动员的整套动作演练更具可比性，更加符合现代奥林匹克运动的特征，同时，也适合广大武术爱好者尤其是青少年朋友学习掌握，将专业和业余打通，普及和提高一体。通过竞技武术套路动作库，每一个武术习练者、爱好者都会成为武术经典的传承者，武术文化的传播者。

——创造经典。竞技武术套路动作库，不仅是在总结经典、传承经典，也在创造经典。人民群众有无限的创造力。人民群众在历史上创造了武术的经典，今后也必将继续创造武术新的经典。当前收录的1941个武术经典动作只是动作库的首期工程，今后每年都会更新，进行动态调整。创新动作经过中国武术协会审定通过后，将会成为竞技武术套路动作库的一部分，这充分体现了对中华优秀传统文化的创造性转化、创新性发展。

竞技武术套路动作库的推出，是武术运动科学化、标准化的又一重要标志，是武术运动发展史上具有里程碑意义的大事，凝结了全体武术人的智慧和汗水。在此，我谨以国家体育总局武术运动管理中心、武术研究院、中国武术协会的名义，向所有为竞技武术套路动作库付出不懈努力的武术前辈、专家、运动员、教练员、裁判员和工作人员们表示衷心的感谢！向所有关心支持武术事业改革发展的各界人士表示衷心的感谢！

国运兴则体育兴，国运兴则武术兴。在中华民族伟大复兴的新征程上，作为中华民族传统体育项目和优秀传统文化的代表，武术必将在体育强国、文化强国和健康中国建设中发挥着独特作用。竞技武术套路动作库，是武术发展的新的起点，为武术在更高水平的传承和繁荣开辟了新的道路，为武术进一步现代化、国际化奠定了重要基础，为武术走向奥林匹克大舞台迈出了坚实步伐。我们相信，以此作为新的起点，通过全体武术人的团结奋斗，武术的魅力将更加显现，武术的未来将更加美好！

2023年7月1日

（作者为国家体育总局武术运动管理中心主任、党委书记，国家体育总局武术研究院院长，中国武术协会主席）

CONTENTS / 目录

1 步型

1.1 弓步

弓步 001
传统术语：鹰捉玉兔。
现代术语：弓步架打。
源流：三路查拳第七式。
技法：搂、架、冲。

动作过程：左脚向前上步成左弓步；同时，左掌由右向左平搂后摆至头上方架掌，掌心向上；右拳由右腰间向前冲出，拳面向前；目视右拳方向。

动作要点：弓步与架掌、冲拳协调一致；冲拳力达拳面。

弓步 002

传统术语：抚按撩阴。

现代术语：弓步撩推掌。

源流：四路查拳第四式。

技法：按、撩、推。

动作过程：（1）左脚向前上步成半马步；同时，右掌收至右腰间，掌心向上；左掌由下向前上方划弧按于左膝上，虎口向内，指尖向右，左肘外撑；目视前方。

（2）右掌由下向前弧形撩起，掌心向左，指尖向前；左掌姿势不变；目视前方。

（3）下肢不动；同时，右掌经上回屈于右脸侧，掌心向内；左掌姿势不变；目视前方。

（4）右腿蹬伸，左腿屈膝前弓成左弓步；同时，右掌迅速向前推击，右臂高与肩平，指尖向上；目视右掌方向。

动作要点：撩、推手法清晰；推掌力达掌外沿。

弓步 003
传统术语：海底盘龙。
现代术语：弓步插掌。
源流：四路查拳第十一式。
技法：搂、插。

动作过程：（1）右脚向前上步，左腿屈膝提起；同时，右掌收至右腰间；左掌由右经左膝前向左后方勾挂成勾手，勾尖向上；目视左勾手。
（2）左脚向左前方落地成左弓步；同时，右掌由腰间向右前下方插掌；左勾手不变；目视右掌方向。

动作要点：左勾手搂膝迅速，两臂呈斜形；右插掌力达指尖。

弓步 004

传统术语：抱虎推山。

现代术语：弓步双推掌。

源流：四路查拳第五十式。

技法：挂、推。

动作过程：（1）左脚上步，右腿屈膝提起，随即向前垫跳一步；同时，双掌由下向前弧形挂屈于胸前，掌心向前，指尖向上；目视前方。

（2）右脚向前落步成右弓步；同时，双掌向前推出，掌心向前，指尖向上；目视推掌方向。

动作要点：垫步、收掌协调一致；推掌力达掌外沿。

弓步 005

传统术语：奔步前撑。

现代术语：退步弓步击掌。

源流：四路查拳五十二式。

技法：穿、勾挂、推。

动作过程：左脚、右脚依次向后撤步成左弓步；同时，右臂外旋，右掌由右经体前向左划弧后回收至右侧腰间，随即向体前推出，指尖向上；左掌经右臂上方穿出后变勾手摆至体后，勾尖向上；目视推掌方向。

动作要点：撤步与穿掌协调一致；推掌力达掌外沿。

弓步 006
传统术语：白蛇吐芯。
现代术语：弓步穿掌。
源流：五路查拳第二十一式。
技法：盖、穿。

动作过程：（1）右腿屈膝提起；同时，右拳收抱于右腰间；左掌由上向体前盖掌，指尖向右；目视左掌。

（2）右脚向前落地成右弓步；同时，右拳变掌经左掌背上方向前穿出，掌心向上，指尖向前；左掌收于左腰间，掌心向上；目视右掌方向。

动作要点：提膝与盖掌协调一致；穿掌力达指尖。

弓步 007
传统术语：力劈华山。
现代术语：弓步劈掌。
源流：炮拳九路第三十八式。
技法：穿、挂、劈 。

动作过程：右腿向右横开步成右弓步；同时，右臂经体前向左、向上、向右抡劈，指尖向右；左掌由右臂内侧向右下方穿出后向右下、向左摆至身体左侧，指尖向左；目视右掌。

动作要点：立圆抡劈，劈掌力达掌外沿。

弓步 008

传统术语：扬鞭催马。

现代术语：弓步冲拳。

源流：《三皇炮捶汇宗》
第四路第三十八式。

技法：盖、冲。

动作过程：（1）左腿屈膝提起；同时，右掌由上向体前盖掌，指尖向左；左拳收抱于左腰间；目视右掌。

（2）左脚向前落步成左弓步；同时，左拳向前冲出，拳眼向上；右掌变拳下落摆至身体后方冲出，拳眼向下；目视左拳方向。

动作要点：盖掌、冲拳动作连贯；冲拳力达拳面。

弓步 009

传统术语：拦柳托领。

现代术语：弓步上穿掌。

源流：八路查拳第四十八式。

技法：按、穿。

动作过程：左脚向前上步成左弓步；同时，左掌由上经体前下按至左膝前方，掌心向下，指尖向右；右掌经左臂内侧向头斜上方穿出，掌根向前，指尖向上；目视前方。

动作要点：弓步、上穿掌协调一致，力达掌根。

弓步010
传统术语：雁行反击。
现代术语：弓步贯拳。
源流：九路查拳第五十一式。
技法：架、冲、贯 。

动作过程：（1）右脚向前扣脚上步，上体左转，左腿屈膝上提；同时，右拳由右侧腰间向右冲出，拳心向下；左掌经体前上架至头顶上方；目视右拳方向。
（2）重心左移，左脚向左落步成左弓步，上体向左侧倾；同时，右拳由右向左上方挥摆；左掌在头左上方用掌心迎击右拳背；目视右拳。
动作要点：弓步贯拳以腰带臂，力达拳背。

弓步 011
传统术语：劈山托天。
现代术语：弓步上穿掌。
源流：十路查拳第十九式。
技法：劈、穿、勾挂。

动作过程：（1）左脚向左开步，双膝屈膝半蹲；同时，右掌收于腰间，掌心向上；左掌由上向左下劈，小指一侧向下；目视左掌。
（2）右腿蹬伸成左弓步；同时，右掌经胸前向头上方穿出，掌心向前上方；左掌由体前向下、向后勾挂成勾手，勾尖向上；目视前方。
动作要点：上穿掌以指带臂向上穿托。

弓步 012

传统术语：劈天盖地。

现代术语：弓步砍掌。

源流：十路查拳第二十七式。

技法：推、架、砍。

动作过程：（1）双腿微屈下蹲；同时，右掌向左侧立掌平推，指尖向上；左掌附于右肘下；目视右掌。

（2）上体左转，左脚向前上步成左弓步；同时，右掌以肘关节为轴向左、向内、向右、向前平绕砍掌，与胸同高，肘微屈，掌心向上，指尖向前；左掌向下、向左、向上摆至头顶上方抖腕亮掌，掌心向上；目视右掌方向。

动作要点：屈膝推掌完成迅速；砍掌力达掌外沿。

弓步 013
传统术语：提篮顶阴。
现代术语：退步弓步撩打。
源流：二路查拳第二十六式。
技法：撩。

动作过程：（1）右脚蹬地，左脚向后跨跳落步；同时，右掌直臂后摆，擦掸右腿外侧，置于体后；左掌摆至前下方；目视左掌。

（2）右脚向后落步成左弓步；同时，右掌变勾手直臂前撩，勾尖向下；左掌摆至左后方，掌心向内；目视右勾手。

动作要点：步法灵活；弓步与撩勾协调一致；撩勾力达勾背。

弓步 014

传统术语：擎天架海。

现代术语：翻身弓步架掌。

源流：三路（乙）查拳第十六式。

技法：插、穿、劈、架、勾挂。

动作过程：（1）右脚向前上步；同时，右掌由腰间向前插掌，掌心向左；左掌收于左腰间，掌心向上；目视右掌。

（2）左脚向前上步；同时，左掌经腰间沿右臂上方向前穿插；右掌顺左臂下收回左腋前；目视左掌。

（3）上体右转90°，随即右脚向左脚左斜后方插步，身体继续右转180°；同时，右掌向上、向右随转体弧形摆劈；左掌向下、向左随转体摆动；目视右掌方向。

（4）身体继续右转90°，左脚向前上步成左弓步；同时，左臂向上、向前、向下、向后弧形摆动后成反勾手，勾尖向上；右手向下划弧收至左肩前，掌心向后，手腕下塌、掌指向上，随即向右前上方推架，腕高与头平；目视勾手。

动作要点：手法清晰，步法灵活；立圆抡臂，推架掌力达掌根。

弓步 015
传统术语：童子推窗。
现代术语：弓步双推掌。
源流：《经典华拳》第二路。
技法：推。

动作过程：双掌指尖相对上提至胸前，掌心向上。随即左脚向前上步成左弓步；同时，双臂内旋，双掌向前推出，掌心向前，掌指相对；目视推掌方向。
动作要点：双推掌双肩松沉，力达掌外沿。

弓步 016

传统术语：十字捶。

现代术语：弧形步十字捶。

源流：三路查拳第三十四式。

技法：挑、挂、冲。

动作过程：（1）右脚向右前上步；同时，右掌屈肘立于体前，掌心向左，指尖向上；左拳收至左腰间，拳心向上。随即左脚经右脚内侧向右前方弧形上步，右脚经左脚内侧向右前方弧形上步；上肢动作不变；目视右掌方向。

（2）左脚经右脚内侧向右前方弧形上一大步成左弓步；同时，左拳向左、向上、向右、向下抡臂一周至身体左侧，与肩同高，拳眼向上；右掌向后、向上摆动后变拳向下收至左胸前，随即向右冲出，拳眼向上；目视右拳。

动作要点：弧形步步法4~6步均可，抡臂动作舒展；冲拳力达拳面。

弓步 017

传统术语：靠山掌。

现代术语：弓步靠掌。

源流：四路查拳第二十八式。

技法：捋、劈、靠。

动作过程：（1）上体微右转，双膝微屈，左脚向前上步；同时，右掌收至右腰间；左掌摆至右胸前；目视前方。

（2）重心前移，右腿屈膝向前击碰左脚后落地，左脚向前落地，脚尖外展；同时，左掌向前捋手，掌心向前。上体左转，右脚收至左脚内侧，双腿屈蹲成并步；同时，右掌由后向上、向左掌捋手方向弧形抡劈；左掌收至右肩前；目视右方。

（3）左脚蹬伸，右脚向右横跨成右弓步；同时，右臂伸直，由下经左弧形向右上方靠挑，手指斜向上；左掌经体前摆至左下方，臂成斜行；目视右掌。

动作要点：手法清晰，劲力顺达；分靠转腰带臂，力达右臂外侧。

弓步 018

传统术语：七星拳。

现代术语：击三拳。

源流：四路查拳第七十式。

技法：盖、冲、挑。

动作过程：（1）左脚向前上步屈膝成左弓步；同时，左拳摆至体前，拳眼向上；右掌向上、向下按于左肘上方，掌心向下，指尖向左；目视前方。

（2）下肢不动，右掌由左前臂上方向前、向下划弧收至左肘下方， 掌心向下；左拳屈肘回收后向前冲出，拳眼向上；目视左拳方向。

（3）接上动，右掌由左臂下方向前、向上挑举后附于左肘上方，掌心向下；左拳屈肘回收后向前冲出，拳眼向上；目视左拳方向。

（4）接上动，右掌由左臂上方向前、向下划弧收至左臂内侧，掌心向左；左拳继续屈肘回收后向前冲出，拳眼向上；目视左拳方向。

动作要领：三拳连冲短促快脆，右掌配合上挑下盖；冲拳力达拳面。

弓步 019

传统术语：避虎推山。

现代术语：弓步推掌。

源流：五路查拳第四十二式。

技法：撩、推、勾挂。

动作过程：（1）左脚向右脚后方撤步，双腿屈膝；同时，右掌上提至右腰间，掌心向上；左掌体前撩掌，掌心向上，指尖向前；目视前方。

（2）右脚后撤成左弓步；同时，右掌向前推出；左掌变勾手向后勾挂；目视右掌方向。

动作要点：撩、推手法清晰，推掌力达掌外沿。

弓步 020

传统术语：击山回望。

现代术语：拧身势。

源流：七路查拳第十五式。

技法：冲、架。

动作过程：（1）右脚向前上步屈膝成右弓步；同时，右拳由腰间向前冲出，拳眼向上；左掌附于右臂肘关节内侧；目视右拳方向。

（2）下肢不动，上体右拧；同时，左掌经右拳腕向前上方穿撑，掌心向前，指尖向右；右拳屈肘收于右腰间，拳心朝上；目视右后下方。

动作要点： 拧身推架完成迅速；冲拳力达拳面。

弓步 021

传统术语：海浪掀天。

现代术语：转身弓步抡劈掌。

源流：九路查拳第四十五式。

技法：挂、劈。

动作过程：（1）右脚向右前方上步屈膝成右弓步；同时，右掌经体前向左、向上、向右下劈；左拳收抱于左腰间，拳心向上；目视右掌。

（2）左脚向右脚前上步屈膝成左弓步；同时，右掌由下向后摆至平举；左拳变掌向上、向前下劈，小指一侧向前，指尖向上，臂与肩平；目视左掌方向。

（3）下肢不动，右掌直臂向上、向前劈掌，小指一侧向前，指尖向上；左掌屈肘附于右臂下方，掌心向下；目视右掌。

动作要点：劈掌力达小指外侧。

弓步 022
传统术语：翻身打虎。
现代术语：跳步按掌弓步冲拳。
源流：九路查拳第三十一式。
技法：按、冲。

动作过程：（1）左脚蹬地上跳，空中上体右转90°，随即右脚、左脚依次落地成半马步；同时，右拳收至右腰间；左掌向左、向上、向前划弧至左膝前上方；目视左掌。
（2）左腿屈膝前弓成左弓步；同时，右拳由腰间向前冲出，拳眼向上；左掌屈肘收附于右腋下；目视右拳方向。

动作要点：半马步与按掌完成协调一致；冲拳力达拳面。

弓步 023
传统术语：撑扎立碑。
现代术语：弓步劈面掌。
源流：十路查拳第二十三式。
技法：劈、勾挂。

动作过程：左脚向前上步屈膝成左弓步；同时，右掌由后向上、向前屈肘劈落至胸前，小指一侧向前，指尖向上；左掌摆至体后成勾手，勾尖向上；目视右掌方向。

动作要点：弓步与劈掌同时完成；劈掌力达掌外沿。

弓步 024
传统术语：腋里藏花。
现代术语：弓步架打。
源流：五路查拳第十九式。
技法：盖、架、冲。

动作过程：（1）右腿屈膝提起；同时，右拳收抱于右腰间；左臂由上向体前盖掌，掌心向下，指尖向右；目视左掌。
（2）右脚向前落步屈膝成右弓步；同时，右拳向前冲出，拳眼向上；左掌向上架至头上方，掌心向上，指尖向前；目视右拳方向。

动作要点：提膝与盖掌协调一致；冲拳力达拳面。

弓步 025
传统术语：连环炮。
现代术语：弓马步左右冲拳。
源流：炮拳第三路第十式。
技法：冲。

动作过程：（1）右脚向前上步屈膝成右弓步；同时，右拳收至右腰间，拳心向上；左拳向前冲出，拳眼向上；目视左拳方向。
（2）身体左转90°，双腿屈膝成马步；同时，右拳向右侧冲出，与肩同高，拳眼向上；左拳收至左腰间，拳心向上；目视右拳方向。

要点：弓步变马步转换迅速；冲拳力达拳面。

弓步 026

传统术语：打虎势。

现代术语：弓步架栽拳。

源流：《传统查拳·中卷》第三路第五式。

技法：架、盖、栽。

动作过程：身体微右转，右脚向右开步屈膝成右弓步；同时，右拳由身体右侧划弧向上屈肘架于头顶右上方，拳眼向下；左拳经体前向下栽于右膝内侧，拳面向下；目视前方。

动作要点：左臂屈肘下栽，力达拳面。

弓步 027

传统术语：顺水推舟。

现代术语：弓步勾手推掌。

源流：燕青拳第十式。

技法：推、勾挂。

动作过程：右脚向前上步屈膝成右弓步；同时，右掌向前推出，指尖向上；左掌摆至体后成勾手，勾尖向上；目视右掌方向。

动作要点：推掌迅速，力达掌外沿。

弓步 028
传统术语：劈山砸石。
现代术语：弓步劈拳。
源流：头路查拳第三十六式。
技法：劈。

动作过程： 右脚向前上步屈膝成右弓步；同时，右拳由上向下在体前下劈，拳眼向上；左掌屈肘附于右前臂下方，掌心向上；目视右拳方向。

动作要点： 劈拳力达拳轮。

弓步 029
传统术语：顺銮掌。
现代术语：弓步挑掌。
源流：头路查拳第四十三式。
技法：挑。

动作过程： 右脚向前上步屈膝成右弓步；同时，右掌向前挑掌，指尖向上，与肩同高；左掌由下摆至体后，指尖向上，略高于肩；目视右掌方向。

动作要点： 沉腕挑掌，力达指尖。

弓步 030
传统术语：鸿门射雁。
现代术语：弓步推掌。
源流：少林二路小洪拳。
技法：盖、推。

动作过程： 双腿屈膝半蹲；同时，双掌沿身体两侧划弧至头上方后，向下在体前交叉，左掌在外，右掌在内。随即右脚向右后开步屈膝成右弓步；同时，右掌变拳收至右腰间，拳心向上；左掌向前推出，指尖向上；目视左掌方向。

动作要点： 弓步与推掌协调一致；推掌力达掌外沿。

弓步 031
传统术语：大单鞭。
现代术语：弓步双冲拳。
源流：少林一路大洪拳第七式。
技法：冲。

动作过程： 左脚向前上步屈膝成左弓步；同时，双拳拳心向内收至胸前后，左拳向前冲出，拳眼向上，与肩同高；右拳向体后冲出，拳眼向上，略高于肩；目视左拳方向。

动作要点： 弓步与冲拳协调一致；冲拳迅速，力达拳面。

弓步 032

传统术语：三抢手。

现代术语：弓步前插掌。

源流：少林一路大洪拳第三十八式。

技法：横击。

动作过程：（1）左脚向前上步；同时，右掌向前插出，掌心向上，指尖向前；左掌收至右肘下。随即左掌向前穿插，掌心向上，指尖向前；右掌收至左肘下；目视前方。

（2）右脚向前上步屈膝成右弓步；同时，右掌继续向前穿插，掌心向上，指尖向前，与肩同高；左掌收至右肘下；目视右掌。

动作要点：三掌连续向前穿插短促干脆，肘屈、伸明显，力达指尖。

弓步 033

传统术语：大虎抱头。

现代术语：弓步盘肘。

源流：少林一路大洪拳第四十五式。

技法：盘、抱。

动作过程：右脚向前上步屈膝成右弓步；同时，右拳向右、向前划弧至头右上方，肘微屈，拳心向里；左拳向左、向前划弧至右胸前，肘微屈，拳心向里，右拳轮与左拳眼相对；目视左方。

动作要点：双臂盘抱呈弧形，力达前臂外侧。

弓步 034

传统术语：送瀑进涧。

现代术语：弓步穿掌。

源流：少林罗汉拳第十五式。

技法：穿。

动作过程： 左脚向前上步屈膝成左弓步；同时，双掌合于胸前后，左掌迅速向前插出，掌心向上，指尖向前，与肩同高；右掌附于左肘旁，指尖向前；目视左掌方向。

动作要点： 弓步与穿掌配合一致，力达指尖。

弓步 035

传统术语：推崖凿界。

现代术语：弓步双推掌。

源流：少林罗汉拳第十六式。

技法：推。

动作过程： 左脚向前上步成屈膝左弓步；同时，双掌向前推出，指尖向上，与肩同高；目视前方。

动作要点： 推掌力达小指外侧。

弓步 036
传统术语：猛虎出洞。
现代术语：弓步双冲拳。
源流：少林大梅花拳第六式。
技法：冲。

动作过程： 左脚向前上步屈膝成左弓步；同时，右拳经头上方向前冲出，拳面向前；左拳由下向前冲出，拳面向前上；目视前方。

动作要点： 双拳同时冲出，力达拳面。

弓步 037
传统术语：卧枕式。
现代术语：弓步格挡下冲拳。
源流：少林小通臂拳第二十三式。
技法：格挡、冲。

动作过程： 左脚向左开步屈膝成左弓步，上体微向左倾；同时，左拳经体前向左划弧摆至左耳处，屈肘，拳面向上，拳心向内；右拳向下冲出至裆前，拳心向内；目视右前方。

动作要点： 上格、下冲协调配合；冲拳力达拳面。

弓步 038

传统术语：连推掌。

现代术语：弓步推掌。

源流：少林小通臂拳第五十六式。

技法：推。

动作过程：（1）左脚向前上步屈膝成左弓步；同时，右掌上提至右腰间，掌心向上；左掌向前推出，指尖向上。

（2）下肢不动，右掌向前推出，指尖向上；左掌收至左腰间，掌心向上；目视右掌方向。

（3）身体重心右移，上体右转，左腿蹬直成右弓步；同时，右掌再向前推出，指尖向上；目视右掌方向。

动作要点：左、右弓步转换迅速；三推掌衔接连贯，力达掌外沿。

弓步 039

传统术语：闪门炮拳。

现代术语：弓步架打。

源流：少林大通臂拳第七式。

技法：架、冲。

动作过程：右脚向前上步屈膝成右弓步；同时，右拳经胸前上架至头前上方，拳心向前；左拳向前冲出，拳心向下；目视冲拳前方。

动作要点：上架、前冲协调配合；冲拳力达拳面。

弓步 040
传统术语：迎面掌。
现代术语：弓步单推掌。
源流：少林连环拳第八式。
技法：推。

动作过程： 右脚向前上步屈膝成右弓步；同时，右掌向前推出，指尖向上；左掌上提至左腰间，掌心向上；目视右掌方向。

动作要点： 弓步与推掌同时完成；推掌迅速，力达掌外沿。

弓步 041
传统术语：上步阳拳。
现代术语：弓步抄拳。
源流：少林一路小洪拳第四十八式。
技法：抄。

动作过程： 右脚向前上步屈膝成右弓步；同时，右拳向前上抄出，拳面向前上方；左拳收至左腰间，拳心向上；目视右拳方向。

动作要点： 抄拳发力顺达，力达拳面。

弓步 042
传统术语：临崖勒马。
现代术语：弓步盘肘。
源流：长拳体系。
技法：横击。

动作过程： 右脚向右开步屈膝成右弓步；同时，右拳摆至体后，拳心向下，略高于肩；左拳屈肘盘于胸前，拳心向下，与胸同高；目视前方。

动作要点： 弓步与盘肘同时完成；盘肘以腰带肘，横向发力。

弓步 043
传统术语：跨山压海。
现代术语：弓步劈拳。
源流：查拳体系中九路炮拳。
技法：劈。

动作过程： 右脚向右开步屈膝成右弓步；同时，右拳由下经体前向左、向上、向右立圆抡劈，拳眼向上，与肩同高；左拳收至左腰间，拳心向上；目视右拳方向。

动作要点： 立圆抡劈，力达拳轮。

弓步 044

传统术语：顺銮式。

现代术语：弓步双冲拳。

源流：长拳体系。

技法：冲。

动作过程：（1）左脚向前上步屈膝成左弓步；同时，右拳由腰间向前平拳冲出，拳心向下；左拳收至左腰间，拳心向上。

（2）下肢不动，左拳向前平拳冲出，拳心向下；右拳收至右腰间，拳心向上；目视左拳方向。

动作要点：冲拳连贯，力达拳面。

弓步 045

传统术语：贩夫推犁。

现代术语：弓步十字掌。

源流：长拳体系。

技法：推。

动作过程：右脚向后撤步成左弓步；同时，双掌由腰间向体前交叉推出，左掌在外，右掌在内；目视前方。

动作要点：弓步与推掌协调一致；十字掌力达掌根。

1.2 马步

马步 001

传统术语：千斤坠。

现代术语：马步压肘。

源流：头路查拳第二十五式。

技法：压。

动作过程： 左脚向左开步屈膝成马步；同时，右臂由上向下在体前屈肘下压，右拳心向内；左拳收至左腰间，拳心向上；目视右拳。

动作要点： 马步与压肘协调一致，力达肘部。

马步 002

传统术语：恶虎掏心。

现代术语：马步架打。

源流：头路查拳第二十四式。

技法：冲、架。

动作过程： 右脚向右开步屈膝成马步；同时，右拳由下、向左、向上划弧至头顶上方，拳心向前；左拳向左冲出，拳眼向上；目视左拳方向。

动作要点： 马步与架冲拳协调一致；冲拳力达拳面。

马步 003
传统术语：脱身换影。
现代术语：马步横切掌。
源流：《三皇炮捶汇宗》第二路第三式。
技法：架、切。

动作过程：（1）右腿屈膝上提；同时，右掌上提至腰间，掌心向上；左掌经体前架掌至头上方；目视前方。
（2）身体左转90°，右脚下落屈膝成马步；右掌向右下方切掌，掌心向下；左掌落至身体左侧，掌心向左，与头同高；目视右掌方向。

动作要点：提膝与架掌协调一致；马步切掌力达小指外侧。

马步 004
传统术语：跨鞍扎推。
现代术语：马步推掌。
源流：三路查拳第三十一式。
技法：插、推。

动作过程：（1）左脚向左横开步，上身左转；同时，右掌由右侧经胸前向左侧插掌，指尖向左；左掌收于右腋下，指尖向上；目视右掌。
（2）上体右转，双腿屈膝下蹲成马步；同时，右掌变拳收抱于右腰间，拳心向上；左掌向左侧立掌推出；目视左掌方向。

动作要点：马步与推掌协调一致；推掌力达掌外沿。

马步 005

传统术语：跨鞍提缰。

现代术语：马步架栽拳。

源流：七路查拳第三十七式。

技法：栽、架。

动作过程：（1）右腿屈膝下蹲，左脚脚背扣于右膝腘窝处；同时，右拳置于右下方；左拳向上摆至头上方，肘微屈，拳面向右；目视右拳。

（2）左脚向左落步屈膝成马步；同时，右拳架至头上方，拳面向左；左拳内旋下落栽于左膝上，肘微屈，拳面向下，拳心向后；目视左方。

动作要点：马步与架栽拳同时完成；栽拳力达拳面。

马步 006

传统术语：骑马一炮。

现代术语：马步双冲拳。

源流：《三皇炮捶汇宗》第四路第二十四式。

技法：冲。

动作过程：右脚向右开步屈膝成马步；同时，双拳由腰间向身体左右两侧立拳冲出，拳眼向上，左拳高于头部，右拳与肩齐平；目视右拳方向。

动作要点：马步与双冲拳协调一致，力达拳面。

马步 007

传统术语：托绞冲捶。

现代术语：马步托打。

源流：四路查拳第三十八式。

技法：托、冲。

动作过程：（1）右拳向前冲出，拳眼向上；左掌托于右肘下，掌心向上；目视前方。

（2）左脚向左侧开步屈膝成马步；同时，左掌沿右臂下向前上托，掌心向上；右拳向上、向内屈肘划弧至胸前。随即右拳沿左掌下向前冲出，拳眼向上；左掌回收至右肩前，掌心向右；目视右拳方向。

动作要点：托、冲手法清晰；冲拳力达拳面。

马步 008

传统术语：宝刀断玉。

现代术语：马步切腕。

源流：《经典华拳》第二路第十八式。

技法：拿、切。

动作过程：（1）左腿屈膝上提；同时，左掌由右向上、向左划弧缠腕，手指朝左上方，掌心向前；右掌收于腰间，掌心向上；目视左掌。

（2）上体左转90°，左脚顺势下落，脚尖外展，右腿屈膝上提；同时，右臂上举，掌心向左，指尖向上；左掌下落至右膝内侧，指尖向下，掌心向右；目视左掌。

（3）右脚下落屈膝成马步；同时，右掌向前向下劈掌，掌指向前下方，掌心向左；左掌附于右肘内侧；目视右掌。

动作要点：切掌发力短促有力，力达掌外沿。

马步 009

传统术语：拦山劈阴。

现代术语：马步切掌。

源流：三路滑拳七十二式。

技法：缠、切。

动作过程： 右脚向后撤步；同时，右掌以腕关节为轴，向右、向下划弧后变拳；左掌收至左腰间。随即上体右转90°，双腿屈膝下蹲成马步；同时，左掌经右臂上方向左下方扣腕切掌，掌心向下；右拳回收至右腰间，拳心向上；目视左掌方向。

动作要点： 撤步、缠腕协调一致；马步与切掌同时完成，力达掌外沿。

马步 010

传统术语：坠山靠马。

现代术语：转跳马步架栽拳。

源流：《查拳（母子拳·副拳）》第一路查拳。

技法：格、栽、架。

动作过程：（1）右腿提膝；同时，右拳屈肘由右向左横格，拳心向内；左拳外旋臂，收至右肘内侧，拳心向内；目视前方。

（2）左脚蹬地跳起，空中身体右转，右脚落步屈膝，左脚背扣于右膝腘窝处；同时，右拳收于右腰间，拳心向上；左臂屈肘，由左向右经胸前格掩，拳心向内，拳面向上；目视左拳。

（3）左脚向左侧落步屈膝成马步；右拳向右、向上划弧屈肘架至头右上方，拳心向前；左拳下栽至左膝上，拳面向下；目视左方。

动作要点：格、掩肘动作连贯；栽拳力达拳面。

马步 011
传统术语：勒马式。
现代术语：云手马步双挑拳。
源流：查拳体系。
技法：云、挑、压。

动作过程：（1）身体左转，左膝微屈，右脚向后撤步；同时，右臂内旋，左臂外旋，双掌在脸前向左舞花手平绕一周；目视两掌方向。

（2）重心后移，左腿屈膝提起；同时，右掌收至右腰间后向前插掌，掌心向左，掌与肩平；左掌由体前收至右肘内侧，掌心向右；目视前方。

（3）左脚向前落步，脚尖稍内扣，重心偏于右腿，双腿屈膝成马步；同时，左掌由下向前上划弧；右掌由上屈肘划弧后，双掌同时握拳挑起，拳与肩平，肘微屈，随即右拳收至左肘下，屈肘，臂撑圆；目视左方。

动作要点：舞花手转体协调一致；双挑拳与马步同步完成，力达拳面。

马步 012
传统术语：箭起莺架。
现代术语：马步冲拳。
源流：八路查拳第二十五式。
技法：托、冲。

动作过程： 左脚向左侧开步屈膝成马步；同时，左掌体前由下向上托掌后，右拳由腰间向体前立拳冲出，拳眼向上，臂与肩同高；左掌屈肘回收至右臂内侧，指尖向上；目视右拳。

动作要点： 托掌迅速；马步与冲拳同时完成，力达拳面。

马步 013
传统术语：鹞身撒膀。
现代术语：转身马步推掌。
源流：八路查拳第二十六式。
技法：搂、推。

动作过程：（1）上体微右转，右腿收膝上提；同时，右掌经右膝前向右划弧搂手，掌心向右；左掌收至腰间，掌心向上。

（2）身体右转180°，右脚随转体向右后方落地，左脚向右脚左侧扣脚落步成马步；同时，右掌收至右腰间，掌心向上；左掌向体前立掌推出，与鼻同高，肘微屈；目视左掌方向。

动作要点： 搂膝手法清晰；马步与左推掌同时完成；推掌力达掌外沿。

马步 014

传统术语：车轮掏心。

现代术语：马步架打。

源流：十路查拳第四十八式。

技法：劈、挑、架、冲。

动作过程：（1）左脚向左侧横跨一步成右弓步，上体右转；同时，右拳以肩为轴由下向后抡绕至体后平举，拳眼向上；左拳直臂由左向上随转体抡绕至体前平举，拳眼向上；目视左拳。

（2）上体左转，右腿蹬膝伸直成左弓步；同时，右拳直臂随转体向上、向前、向左抡绕至体前，拳眼向上；左拳收至腰间，拳心向上；目视前下方。

（3）身体右转屈蹲成马步；同时，右臂内旋上架至头上，拳眼向下；左拳向左击出，高与肩平，拳眼向上；目视左方。

动作要点：立圆抡臂；马步与架冲拳同时完成；冲拳力达拳面。

马步 015
传统术语：护裆栽捶。
现代术语：马步下栽拳。
源流：少林拳体系。
技法：栽。

动作过程： 双腿屈蹲成马步；同时，右拳由上经体前内旋下栽于裆前，拳心向右，拳眼向里；左掌屈肘于右胸前，掌心向右，指尖向上，高与胸平；目视右方。

动作要点： 马步与下栽拳协调一致，栽拳力达拳面。

马步 016
传统术语：迎面撒沙。
现代术语：马步撒掌。
源流：少林拳体系。
技法：抓、撒。

动作过程：（1）左脚向前上步屈膝成左弓步，上体前俯；同时，右掌由后向上、向前、向下盖抓，掌心向下，微离地面；左掌置于右肘下方，掌心向下；目视右掌。

（2）身体右转90°，双腿屈膝成马步；同时，右掌变拳向右、向上摆至身体右侧上方后，向左抖腕变掌置于头右前方，掌心向左，与肩同高；左掌附于右肘内侧，掌心向下；目视左方。

动作要点： 撒掌动作幅度不宜过大，手腕发力，力贯腕指。

马步 017

传统术语：劈山救母。

现代术语：马步双劈拳。

源流：长拳体系。

技法：劈。

动作过程： 左脚向左横跨一步半蹲成马步；同时，双臂腹前交叉向上抬举至头上方，右臂在外左臂在内，随即双拳向左、右两侧立拳侧劈，拳眼向上；目视左拳方向。

动作要点： 马步与双劈拳协调一致，力达拳轮。

马步 018

传统术语：坐山望海。

现代术语：马步架按掌。

源流：少林一路小洪拳第五十四式。

技法：架、按。

动作过程： 左脚向左横开步屈蹲成马步；同时，右掌沿身体右侧向上划弧至头上方，掌心向上，指尖向左；左掌向左、向上、向右划一小弧后下按至左膝上；目视左方。

动作要点： 马步与架按掌同时完成；按掌力达掌根。

马步 019
传统术语：打虎靠山。
现代术语：马步架劈拳。
源流：少林连环拳第七式。
技法：架、劈。

动作过程： 右脚向右开步屈蹲成马步；同时，右拳由身体右侧划弧上架至头前上方，拳心向前；左拳沿身体左侧向上划弧后向右下方劈至腹前；目视左方。

动作要点： 马步与架劈拳同时完成，左劈拳力达拳轮。

1.3 仆步

仆步 001

传统术语：雏鸡扎目。

现代术语：仆步亮掌。

源流：二路查拳第十一式。

技法：推、架。

动作过程：（1）左脚向前上步屈膝成左弓步；同时，右掌向前推出，与肩同高；左掌向前、向上划弧至右臂内侧；目视右掌方向。

（2）上体右转90°，重心右移，右腿屈膝下蹲成左仆步；同时，右掌随转体向下、向右上方弧形亮掌，掌心向上；左掌置于右肩前，指尖向上；目视左方。

动作要点：仆步挺胸、立腰，平铺腿伸直；抖腕亮掌，力达掌根。

仆步 002
传统术语：盘龙式。
现代术语：仆步勾手拨掌。
源流：四路查拳第十七式。
技法：刁、拨。

动作过程： 左脚向左横开步，右腿屈膝全蹲成左仆步；同时，右掌由身体右侧向后直臂提腕勾手，勾尖向下；左掌经体前平拨摆至右胸前，掌心向右，指尖向上；目视左方。

动作要点： 仆步、拨掌协调一致；提腕勾手力达勾背。

仆步 003
传统术语：铺天盖地。
现代术语：跳仆步切掌。
源流：七路查拳第四十一式。
技法：挂、盖、切。

动作过程： 右掌经体前向左、向上、向右抡臂；左掌经右前臂内侧穿出后向左、向上。随即左脚蹬地跳起腾空，身体向右后转体180°，右脚落地屈膝全蹲，左脚落地平铺伸直成左仆步；同时，右掌随转体向下、向右抡臂一周向左下切掌，掌指向前；左臂随转体由上向左抡臂绕行后，屈肘置于右腋下，指尖向上；目视右掌。

动作要点： 抡臂、跳转协调配合；左掌背紧贴右腋窝；切掌力达掌外沿。

仆步 004
传统术语：蓄势待发。
现代术语：仆步摆掌。
源流：八路查拳第二十三式。
技法：拨。

动作过程： 左脚向左开步，右腿屈膝全蹲成左仆步；同时，右拳收至右腰间，拳心向上；左掌拨摆至右胸前，掌心向右，指尖向上；目视左方。

动作要点： 仆步挺胸立腰；摆掌迅速，力达掌心。

005仆步
传统术语：燕子抄水。
现代术语：仆步穿掌。
源流：三路查拳第四式。
技法：盖、穿。

动作过程：（1）上体微右转；同时，右掌收至腰间，掌心向上；左掌向左、向上、向右划弧至身体右侧，掌心向下，肘微屈。随即右掌经左掌背向右上方穿出，掌心向前，指尖向右；左掌收至右腋下；目视右掌方向。

（2）重心下落；左脚向左横开步，右腿屈膝全蹲成左仆步；同时，左掌屈肘下落沿左腿内侧前穿至左脚上方，掌心向前；目视左掌。

动作要点： 仆步与穿掌协调一致，穿掌力达指尖。

仆步 006

传统术语：丹凤朝阳。

现代术语：仆步亮掌。

源流：五路查拳第四十三式。

技法：盖、穿、勾挂、架。

动作过程：（1）上体微左转，左腿屈蹲，右脚向右横开步；同时，右掌随转体向右、向上、向左划弧至身体左侧，掌心向下，指尖向后；左掌由左侧腰间经右掌背向左上方穿出；目视左掌方向。

（2）重心右移，右腿屈膝全蹲成左仆步；同时，右掌向下、向右摆架至头顶上方成亮掌；左掌下落变勾手搂摆至体后，勾尖向上；目视左方。

动作要点：手法清晰，重心平稳转换；抖腕亮掌，力达掌根。

仆步 007

传统术语：小童捉鸡。

现代术语：仆步按掌。

源流：罗汉拳。

技法：托、按。

动作过程：（1）左腿支撑，右腿屈膝提起；同时，双掌沿身体两侧向上划弧至头上方，掌心相对，指尖向上；目视上方。

（2）左脚蹬地小跳，右脚落于左脚处，屈膝全蹲成左仆步；同时，双掌经胸前向下拍按地面，掌指尖相对；目视左方。

动作要点：仆步拍地完成迅速；上、下肢动作配合协调一致。

仆步 008

传统术语：乌龙盘打。

现代术语：抡臂拍地。

源流：三路查拳第五十五式 。

技法：抡、挂、拍。

动作过程： 右脚向右横开步，双膝微屈，上体左转；同时，右臂经体前向左、向上、向右抡臂；左臂由下向左上摆。上体右转；右臂继续向下经体后立圆抡臂一周；左臂随转体向上、向右立圆抡臂一周至左上方，左掌指向左上方，掌心向前。随即左腿屈膝下蹲成右仆步；同时，右掌下落至右脚内侧拍地；目视右掌。

动作要点： 以腰带臂，立圆抡臂。

仆步 009

传统术语：夜叉戏海。

现代术语：仆步勾手切掌。

源流：少林二路小洪拳。

技法：刁提、切。

动作过程： 右脚向右开步屈膝全蹲成左仆步；同时，右掌由身体右侧向后提腕勾手；左掌向左脚上方切出，掌心向下，指尖向右；目视左掌。

动作要点： 上体微前倾；切掌力达掌外沿。

仆步 010

传统术语：单叉式。

现代术语：仆步下砸拳。

源流：少林小通臂拳。

技法：砸。

动作过程： 右脚向右开步，左腿屈膝全蹲成右仆步；同时，右拳由外向内划弧至体前屈肘下砸，拳面向左，拳心向上；左拳收至左腰间，拳心向上；目视右方。

动作要点： 仆步挺胸立腰；砸拳力达拳背。

仆步 011
传统术语：雁落河滩。
现代术语：仆步勾手摆掌。
源流：少林连环拳第九式。
技法：勾挂、摆。

动作过程： 右脚向右开步，左腿屈膝全蹲成右仆步；同时，右掌平摆至左肩前，掌心向左，指尖向上；左掌摆至体后成勾手，勾尖向上；目视右方。

动作要点： 仆步挺胸立腰；摆掌迅速，力达掌心。

仆步 012
传统术语：引绳切墨。
现代术语：仆步横切掌。
源流：长拳体系。
技法：插、切。

动作过程： 左腿屈膝，右脚向后撤步成左弓步；同时，右掌由右腰间向前下方插掌，掌心向前上方；左掌收于右臂内侧，掌心向下。随即上体右转，右腿屈膝全蹲成左仆步；右掌变拳回收至右腰间，拳心向上；左掌向左下方切掌，掌心向下；目视左掌方向。

动作要点： 插掌、切掌手法清晰；切掌力达掌外沿。

1.4 歇步

歇步 001

传统术语：山樵挥砍。

现代术语：歇步摆掌。

源流：三路查拳第二十七式。

技法：挂、劈。

动作过程： 右脚向右开步，左脚向右后方插步，双腿交叉屈膝全蹲成歇步；同时，双掌由下经体前向左、向上、向右划弧，双臂微屈，塌腕成立掌，右掌小指外侧向前，指尖向上，左掌附于右肘关节内侧；目视右掌。

动作要点： 插步迅速；摆掌与歇步同时完成，力达掌外沿。

歇步 002

传统术语：卧虎藏龙。

现代术语：歇步挑掌。

源流：四路查拳第八式。

技法：撩、挑。

动作过程： 右脚向左后方侧插步；同时，右掌向前撩起，掌心向左，指尖向前；左掌收于右臂内侧。随即双腿交叉屈膝全蹲成歇步；同时，右掌变拳收至右腰间；左掌向下、向前弧形挑掌，掌指向上；目视左掌方向。

动作要点： 歇步与挑掌协调一致；挑掌力达指尖。

歇步 003
传统术语：叶落归根。
现代术语：歇步摆掌。
源流：四路查拳第十八式。
技法：搂、架、勾挂。

动作过程： 右脚向左后方插步，双腿交叉屈膝全蹲成歇步；同时，右掌经右向上弧形摆架，掌心向前上方，掌指向左；左掌由右向左摆至体后变勾手，勾尖向上；目视左方。

动作要点： 歇步与摆掌勾手同时完成；架掌力达掌根。

歇步 004
传统术语：焚香抚琴。
现代术语：歇步捋手。
源流：四路查拳第五十一式。
技法：捋、按。

动作过程： 右脚向后撤步；同时，双掌向左前方上摆至腹前；目视双掌方向。左脚继续向后撤步，双腿交叉屈膝全蹲成歇步；同时，双掌向上、向右、向下捋按后，右掌变拳收至右腰间；目视左掌方向。

动作要点： 撤步迅速，绕环清晰；捋手力达掌心。

歇步 005
传统术语：怀中抱月。
现代术语：歇步十字手。
源流：六路查拳第十四式。
技法：压、按。

动作过程： 左脚向右前方盖步，双腿交叉屈膝全蹲成歇步；同时，双掌由身体两侧向上划弧交叉后下落，压按于胸前成十字掌，右掌在外，左掌在内，掌心向外，指尖向上；目视右方。

动作要点： 歇步与十字手同时完成；十字手力达掌根。

歇步 006
传统术语：仙童让位。
现代术语：歇步格拳。
源流：少林拳体系。
技法：格。

动作过程： 左脚向右后方插步，双腿交叉屈膝全蹲成歇步；同时，右拳收至腰间，拳心向上；左拳由体前向左斜下方格挡，拳心向下；目视左拳。

动作要点： 歇步与格拳同时完成；格拳力达拳轮及前臂外侧。

歇步 007

传统术语：托天退海。

现代术语：云手歇步亮掌。

源流：八路查拳第四十式。

技法：穿、挂、架。

动作过程：（1）左脚向前上步；同时，右掌向左、向上、向右、向下在体前划弧一周；左掌经右臂内侧向下、向左、向上划弧。

（2）身体右转90°，右腿向左脚左前方盖步；同时，右掌收回腰间，掌心向上；左掌经右体侧下落挂至右胯旁；目视左掌。

（3）双腿交叉屈膝全蹲成右歇步；同时，左掌经体前上架至头左上方，臂微屈，掌心向上；目视右方。

动作要点：手法清晰，架掌力达掌根。

歇步 008

传统术语：虔诚拜主。

现代术语：穿掌回身歇步立掌。

源流：九路查拳第十四式。

技法：插、穿、挂、劈、刁。

动作过程：（1）右脚向前上步；同时，右掌从右腰间向前插出。随即左脚向前上一步；同时，左掌屈肘经右臂上方向前平直穿出，虎口向上。身体右转90°，右脚向左脚左后方插步；同时，右掌屈肘附于左肩前；目视左掌。

（2）上体继续右转90°，双腿交叉屈膝全蹲成歇步；同时，右掌向右、向上划弧至头上方再屈肘下劈落于胸前，掌心向左；同时，左掌于体后成勾手，勾尖向上；目视右掌方向。

动作要点：上步与穿掌协调一致；劈掌力达掌外沿。

歇步 009
传统术语：回身捞月。
现代术语：歇步反勾手。
源流：十路查拳第十六式。
技法：勾挂、刁。

动作过程： 右脚向右后方撤半步，身体右转180°，双腿交叉屈膝全蹲成歇步；同时，右臂随身体右转向上抡臂一周，随即以肘关节为轴向上、向内屈腕落于胸前成勾手，勾尖向内；左掌变勾手摆至体后，勾尖向上；目视右勾手方向。

动作要点： 转身与抡臂协调一致；勾手屈腕，五指撮拢，力达勾尖。

歇步 010

传统术语：虎抢斗。

现代术语：歇步按掌冲拳。

源流：三路滑拳（甲）第五十五式。

技法：按、冲。

动作过程：（1）左脚向前上步，脚尖外展；同时，右拳收至右腰间，拳心向上；左掌体前下按，掌心向下，指尖向右；目视左掌。

（2）上体微左转，双腿交叉屈膝全蹲成歇步；同时，右拳经左掌上方立拳向前冲出，拳眼向上；左掌回收至右臂腋下，掌心向下；目视右拳方向。

动作要点：上步与按掌协调一致；冲拳力达拳面。

歇步 011
传统术语：怀抱琵琶。
现代术语：歇步撩掌。
源流：霍元甲迷踪艺头路拳。
技法：撩。

动作过程： 左脚向右脚前盖步，双腿交叉屈膝全蹲成歇步；同时，左掌向前、向上、向后抡摆一周后收至腰间抱拳，拳心向上；右掌向右前方上撩，掌心向上；目视前方。

动作要点： 歇步与撩掌同时完成，撩掌力达掌心。

歇步 012
传统术语：卧式打捶。
现代术语：歇步架冲拳。
源流：少林二路小洪拳第八式。
技法：架、冲。

动作过程： 左脚向右脚前盖步，双腿交叉屈膝全蹲成歇步；右拳向右冲出，拳眼向上，与肩同高；左拳上架至头上方，拳心向前；目视右拳方向。

动作要点： 歇步与架冲拳同时完成；冲拳迅速，力达拳面。

歇步 013

传统术语：禅仙切妖。

现代术语：歇步劈掌。

源流：少林昭阳拳。

技法：劈。

动作过程： 右脚向左后方插步，双腿交叉屈膝全蹲成歇步；同时，右掌向后、向上、向前、向下劈出，指尖向前下方；左拳收至左腰间，拳心向上；目视右掌。

动作要点： 歇步与劈掌同时完成；劈掌力达掌外沿。

1.5 虚步

虚步 001
传统术语：银蟒张口。
现代术语：虚步架掌。
源流：头路查拳第八式。
技法：托、盖、架。

动作过程：（1）右腿屈膝下蹲，左脚脚尖前点成左虚步；同时，右掌由上向下、左拳由下向上划弧合至腹前，右掌在上，掌心向下，左拳在下，拳心向上。随即右掌以腕关节为轴由上向右、向下划弧成托掌；左拳以左腕关节为轴由下向左、向上划弧成盖拳；目视左拳。

（2）下肢不动，左拳变掌上架至头上方，掌心向上，指尖向右；目视前方。

动作要点：右掌、左拳转换清晰敏捷；上架掌完成迅速。

虚步 002
传统术语：老虎大张嘴。
现代术语：虚步上穿掌。
源流：头路查拳第六十五式。
技法：插、劈。

动作过程： 右腿屈膝下蹲，左脚脚尖前点成左虚步；同时，右掌由右腰间向上插掌，掌心向左，指尖向上；左拳由上向下劈拳落于腹前，拳眼向上，拳心向右；目视前方。

动作要点： 插掌力达掌尖；劈拳力达拳轮。

虚步 003
传统术语：银鹊落架。
现代术语：虚步按掌。
源流：三路查拳（甲）第二十一式。
技法：撩、刁、按。

动作过程： 右腿屈膝下蹲，左脚脚尖前点成左虚步；同时，左掌变勾手向前撩起，勾尖向下；右掌由后向前撩摆按至左肘内侧；目视前方。

动作要点： 提腕勾手，力达勾顶。

虚步 004
传统术语：托枪式。
现代术语：虚步穿掌。
源流：张式查拳第四路第七十三式。
技法：撩、穿。

动作过程：（1）右臂向前撩起，掌心向上，指尖向前；目视前方。
（2）右腿屈膝下蹲，左脚脚尖前点成左虚步；同时，左掌沿右臂内侧向前穿出，掌心向上，指尖向前；右掌收至左臂内侧，掌心向上；目视左掌方向。
动作要点：撩掌、穿掌技法清晰；穿掌力达指尖。

虚步 005
传统术语：隐形幻影。
现代术语：虚步挑掌。
源流：二路查拳第三式。
技法：挑。

动作过程：（1）右掌收至右腰间；左掌向前直臂挑起；目视左掌方向。
（2）右腿屈膝下蹲，左脚脚尖前点成左虚步；同时，右掌由下向前直臂挑掌，指尖向上，与胸同高；左掌屈肘按于右前臂内侧，指尖向上；目视右掌方向。
动作要点：沉腕挑掌，力达掌指。

虚步 006
传统术语：扭颈望月。
现代术语：虚步亮掌。
源流：五路查拳第五式。
技法：插、刁、架。

动作过程： 右腿屈膝下蹲，左脚脚尖前点成左虚步；同时，右掌向右上方插掌；左掌于身体左侧直臂提腕勾手，与肩同高。随即右掌翻腕架掌，指尖向左上方；目视前方。

动作要点： 摆头与翻腕架掌协调一致；插掌力达指尖。

虚步 007
传统术语：揽月张口。
现代术语：虚步推掌。
源流：九路查拳第十七式。
技法：拨、击。

动作过程：（1）右掌由右向左经体前划弧，屈肘立掌于左肩前，掌心向左，指尖向上；左拳提至左腰间，拳心向上；目视右掌。

（2）右腿屈膝下蹲，左脚脚尖前点成左虚步；同时，左拳变掌经右臂内向前平直推出，小指一侧向前，掌心向右前方，指尖向上；右掌变拳屈肘收于右腰侧，拳心向上；目视左掌方向。

动作要点： 虚步推掌同时完成；推掌力达掌外沿。

虚步 008
传统术语：挑梁式
现代术语：虚步挑掌。
源流：六路查拳第十二式。
技法：挑。

动作过程： 右腿屈膝下蹲，左脚脚尖前点成左虚步；同时，右掌直臂向前、向上摆至体后，略高于肩，掌心向后；左掌直臂向前挑起，与肩同高，指尖向上；目视左掌方向。

动作要点： 立圆摆臂；挑掌迅速，力达掌指。

虚步 009
传统术语：绵里藏针。
现代术语：虚步推掌。
源流：八路查拳第八式。
技法：推。

动作过程： 右腿屈膝下蹲，左脚脚尖前点成左虚步；同时，右拳收至右腰间，拳心向上；左掌由腰间向体前立掌推出，指尖向上，与肩同高；目视左掌方向。

动作要点： 虚步与推掌协调一致；推掌力达掌外沿。

虚步 010
传统术语：白猴献果。
现代术语：虚步对勾。
源流：九路查拳第三十四式。
技法：挑、刁。

动作过程： 右腿屈膝下蹲，左脚脚尖前点成左虚步；同时，右勾手经体前由下向上弧形举至头右上方，勾尖向下；左勾手由下向上划弧于身前勾挑，与肩同高，勾尖向上；目视前方。

动作要点： 屈腕勾手，虚步与勾手同时完成。

虚步 011
传统术语：海底捞沙。
现代术语：虚步反勾手。
源流：十路查拳第三十三式。
技法：刁、勾挂。

动作过程： 右腿屈膝下蹲，左脚脚尖前点成左虚步；同时，右勾手以肘关节为轴在体前向上、向前划弧，肘微屈，勾尖向内，与鼻同高；左勾手由下摆至体后，勾尖向上；目视前方。

动作要点： 沉胯挺胸，屈腕勾手，力达勾尖。

虚步 012

传统术语：旗开得胜。

现代术语：虚步顶肘。

源流：十路查拳第五十九式。

技法：冲、架、顶。

动作过程：（1）右脚向前屈膝上步，脚尖外展；同时，左拳向前冲出；右拳向体后冲出，双拳拳眼向上，与肩同高；目视左拳方向。

（2）重心前移，左脚向前上步，脚尖前点地成左虚步；同时，右拳上架至头顶上方，拳眼向下；左拳平屈肘收于右胸前随即向前顶肘，拳心向下；目视前方。

动作要点：虚步与架拳、顶肘同时完成；冲拳力达拳面，顶肘力达肘尖。

虚步 013

传统术语：主麻行拜。

现代术语：虚步亮掌。

源流：滑拳第三路第一式。

技法：穿、勾挂、架。

动作过程：（1）右掌由右侧上举，左掌经右臂上方直臂穿出；目视左掌。

（2）右腿屈膝下蹲，左脚脚尖前点成左虚步；同时，右掌经体前向下、向右、向上划弧于头上方抖腕亮掌，掌心向上；左掌变勾手向左、向下摆至体后，勾尖向上；目视左方。

动作要点：手法清晰，亮掌力达掌根。

虚步 014

传统术语：登山临水。

现代术语：虚步抄拳。

源流：李式第十路查拳第五十九式。

技法：抄。

动作过程：右腿屈膝下蹲，左脚脚尖前点成左虚步；同时，右拳收抱于右腰间；左拳由下向上抄起，拳面向前上方；目视抄拳方向。

动作要点：抄拳迅速，力达拳面。

虚步 015

传统术语：双关铁门。

现代术语：虚步双立掌。

源流：少林拳体系。

技法：推。

动作过程：右腿屈膝下蹲，左脚脚尖前点成左虚步；同时，左掌向前推出，指尖向上，略低于肩；右掌由前回收至左前臂内侧成立掌，略低于左掌，双臂微屈；目视推掌前方。

动作要点：推掌迅速，力达掌外沿。

虚步 016

传统术语：燕子归巢。

现代术语：虚步抱拳亮掌。

源流：埋伏拳第六段第五十五式。

技法：架。

动作过程：左手、右手胸前掌心拍击，双腕内侧相交，双掌分别外翻，内外旋一周（舞花手）。随即右腿屈膝下蹲，左脚脚尖前点成左虚步；同时，右前臂外旋向上架于头上方，掌心向上；左掌变拳，抱收至左腰间；目视左方。

动作要点：双腕交叉，环绕清晰；架掌力达掌根。

虚步 017

传统术语：打虎式。

现代术语：虚步架栽拳。

源流：少林拳体系

技法：架、栽。

动作过程：右腿屈膝下蹲，左脚脚尖前点成左虚步；同时，右拳从右腰侧上架至头部右上方，拳心向外；左臂屈肘内旋，左拳下栽落于左膝关节上方，肘微屈；目视前方。

动作要点：架拳、下栽拳动作协调一致；栽拳力达拳面。

虚步 018
传统术语：架上劈柴。
现代术语：高虚步劈拳亮掌。
源流：长拳体系。
技法：劈、架。

动作过程：右腿支撑站立，左腿微屈膝抬脚，脚面绷平，脚尖轻落于右脚前点地支撑；同时，右拳由体前向上、向右立圆抡劈至身体右侧，与肩同高，拳眼向上；左掌由下向左、向上摆至头左上方，指尖朝右；目视右拳方向。

动作要点：劈拳、架掌动作协调一致；劈拳力达拳轮。

虚步 019

传统术语：穿林炮捶。

现代术语：虚步架掌冲拳。

源流：霍元甲迷踪艺头路拳。

技法：冲、架。

动作过程：（1）右脚向前上步；同时，左拳向前冲出，拳面向前；右拳抱至右腰间，拳心向上；目视左拳方向。

（2）右腿屈膝半蹲，左脚向前震脚落步于右脚内侧；同时，右拳向前冲出，拳心向下；左拳收至腰间抱拳；目视右拳方向。

（3）左脚脚尖前点成左虚步；同时，右拳变掌上架至头顶上方，掌心向上；左拳向前冲出，拳心向下，目视左拳方向。

动作要点：虚步立身挺胸；冲拳力达拳面。

虚步 020
传统术语：追风相连。
现代术语：虚步抄拳。
源流：少林大通臂拳第十五式。
技法：抄。

动作过程：左掌向前撩掌。随即左腿屈膝半蹲，右脚脚尖向前点地成右虚步；同时，右拳屈肘向前抄出，拳心向左，与肩同高；左掌变拳收至左腰间，拳心向上；目视右拳方向。

动作要点：抄拳迅速，力达拳面。

虚步 021
传统术语：童子抱柴。
现代术语：虚步双撑拳。
源流：少林一路大洪拳第八式。
技法：抱、格。

动作过程：右腿屈膝半蹲，左脚脚尖向前点地成左虚步；同时，双拳屈臂摆至胸前交叉，右拳在里，左拳在外，拳心向内；目视前方。

动作要点：合臂前撑，力达前臂外侧。

虚步 022

传统术语：金童献图。

现代术语：虚步架按。

源流：少林大通臂拳。

技法：架、按。

动作过程： 右腿屈膝半蹲，左脚脚尖向前点地成左虚步；同时，右掌上架至头前上方，掌心向上指尖向左；左掌下按至左大腿外侧，掌心向下，指尖向右；目视左方。

动作要点： 上架、下按完成迅速；按掌力达掌根。

虚步 023

传统术语：抱肘束身。

现代术语：格挡虚步抄拳。

源流：少林一路小洪拳。

技法：格、抄。

动作过程： 双臂屈肘合于胸前，随即右腿屈膝半蹲，左脚脚尖向前点地成左虚步；同时，右拳向前上方抄出，拳心向内；左拳向下砸至左大腿外侧，拳面向下，拳心向左；目视左方。

动作要点： 手法清晰，抄拳力达拳面。

虚步 024

传统术语：野马退槽。

现代术语：虚步双压拳。

源流：少林心意拳第十一式。

技法：抓、压。

动作过程： 右脚向后撤步屈膝半蹲成左虚步；同时，双掌向前伸出后，双臂外旋，双掌变拳向下沉肘，左拳在前，与肩同高，右拳在后，略低于左拳；目视前方。

动作要点： 双掌向前抓握后快速旋臂下沉，力达拳背。

虚步 025

传统术语：勒手小束身。

现代术语：虚步压肘。

源流：炮拳第十式。

技法：架、压。

动作过程： 右脚向后撤步屈膝半蹲成左虚步；同时，双掌摆至体前交叉，右掌在上，左掌在下，双掌心向斜下方。随即双臂外旋，双掌变拳屈肘下压，左拳在前，与肩同高，右拳附于左肘内侧，拳心均向上；目视前方。

动作要点： 虚步与压肘同时完成，力达前臂后侧及拳背。

虚步 026

传统术语：迎风展旗。

现代术语：高虚步亮掌。

源流：《飞龙长拳》第六式。

技法：穿、架。

动作过程：（1）左脚向前上步，右脚屈收扣于左膝后腘窝处，身体稍前倾；同时，右臂摆至体前，掌心向下；左掌经右臂下方穿出，掌心向下。

（2）上动不停，右脚向右落步；同时，右掌随身体后仰向左、向后、向右划弧至胸前；左掌向前、向左、向后、向右划弧至胸前与右臂交叉。随即腰向左拧，右腿直立支撑，左脚向右脚前方落步，脚尖虚点地面；同时，右掌向下、向右、向上划弧至头上方屈肘抖腕成亮掌；左掌向下、向左、向上抖腕挑掌，与肩同高；目视左掌方向。

动作要点：双臂仰身抡摆连贯迅速，沉腕上挑手法清晰，上下肢动作协调一致。

虚步 027

传统术语：鸿雁展翅。

现代术语：虚步亮掌。

源流：《飞龙长拳》第五十式。

技法：架、挑。

动作过程： 右腿屈膝半蹲，左脚脚尖向前点地成左虚步；同时，右掌沿身体右侧向上划弧至头上方屈肘抖腕亮掌，掌心向上，指尖向左；左掌于身体左侧挑掌，指尖向上，与肩同高；目视左掌方向。

动作要点： 虚步与亮掌、挑掌同时完成；沉腕挑掌，力达掌指。

虚步 028

传统术语：鹤立式。

现代术语：前点腿抱拳。

源流：长拳体系。

技法：抱。

动作过程： 右脚向右后方退步，上体右转；同时，双掌从身体两侧分掌；目视右掌方向。随即左脚脚尖点地；同时，右掌变拳屈肘至右胸前，拳心向下；左掌屈肘，掌心贴于右拳面；目视左方。

动作要点： 分掌迅速，合抱与左脚尖点地同时完成。

虚步 029

传统术语：骅骝开道。

现代术语：虚步亮掌。

源流：华拳第四路。

技法：压。

动作过程： 右腿屈膝半蹲，左脚脚尖向前点地成左虚步；同时，右掌经体前摆至体后上方，指尖向后上方；左掌经体前向下摆至前下方，指尖向前；目视左掌方向。

动作要点： 虚步、分掌同时完成，力达臂前端。

1.6 并步

并步 001
传统术语：拔树寻根。
现代术语：并步下蹲磕肘。
源流：二路查拳第四十式。
技法：格、压。

动作过程：（1）右腿屈膝，左脚向左开步；同时，右拳外旋屈肘上举至头右侧，拳心向右；左掌于身体左侧外撑，与腰同高；目视前方。

（2）右脚向左脚内侧并步，双腿屈膝下蹲；同时，右臂内旋屈肘向体前磕肘，拳心向内；左掌收附于右前臂内侧；目视右拳。

动作要点：并步下蹲与磕肘同时完成，力达肘部。

并步 002

传统术语：平心炮。

现代术语：并步砸拳。

源流：少林小通臂拳第六式。

技法：砸。

动作过程： 右腿屈膝上提；同时，左掌向左下方撑按，掌心向左下方；右拳向上抬举至头上方，拳面向上。随即，右脚下落至左脚内侧时用力踏地震脚，双腿屈膝；同时，左掌外旋掌心向上收至腹前；右拳外旋向下砸落至左掌心；目视右拳方向。

动作要点： 砸拳响亮清脆，震脚沉重有力，力达拳背。

并步 003

传统术语：蝴蝶绕园。

现代术语：撤跳步半蹲勾手。

源流：埋伏拳第二段十五式。

技法：勾挂。

动作过程： 双膝微屈，右脚蹬地向上跃起，空中向左侧拧转180°，左脚落地屈膝半蹲，右脚向左脚内侧并步；同时，左臂先随转体在身体左侧由下向前、向后立圆抡臂一周后，左掌摆至右肩前；右臂随转体在身体右侧由下向上、向前立圆抡臂，右掌变勾手摆至体后，勾尖向上；目视右方。

动作要点： 右脚跟步快速，勾挂清晰，力达勾顶。

并步 004
传统术语：鸾枭并栖。
现代术语：并步推掌。
源流：头路查拳第四十二式。
技法：推。

动作过程： 右脚向右前方上步，随即左脚向右脚内侧并步靠拢；同时，右掌向右前方推出，指尖向上；左掌屈肘摆至右臂内侧；目视右掌。

动作要点： 并步、推掌动作连贯；推掌力达掌外沿。

并步 005
传统术语：童子拜佛。
现代术语：并步勾手挑掌。
源流：《飞龙长拳》第四十一式。
技法：勾、挑。

动作过程： 右脚向右后方撤步，上体右转45°，左脚向右脚并步靠拢；同时，右掌由下经体前向左、向上、向身体右侧划弧后提腕勾手，勾尖向下，略高于肩；左掌由右臂内侧向下、向身体左侧挑起，指尖向上，与肩同高；目视左掌方向。

动作要点： 并步与勾手挑掌同时完成；挑掌力达掌指。

并步 006

传统术语：渔夫按葫。

现代术语：并步按掌。

源流：头路滑拳收势。

技法：按。

动作过程： 双脚并步直立；双掌由身体两侧向上划弧后，分别下按至髋关节两侧，掌心向下，指尖朝前；目视左方。

动作要点： 按掌力达掌根。

并步 007

传统术语：黄雀衔环。

现代术语：并步十字掌。

源流：长拳体系。

技法：挡。

动作过程： 双脚并步直立；双掌向身体两侧平举后，摆至体前交叉，与胸同高；目视左方。

动作要点： 十字掌双臂外撑，力达前臂外侧。

并步 008
传统术语：跨凤乘鸾。
现代术语：并步摆拳。
源流：四路查拳第七十一式。
技法：截、推。

动作过程： 双脚并步直立；左拳与右掌同时由胸前横撑至身体左右两侧，右掌心向外，与头同高，左拳心向下，略低于肩；目视左方。
动作要点： 双臂外撑，力达拳、掌外沿。

1.7 横裆步

横裆步 001

传统术语：拦门炮。

现代术语：横裆步双推掌。

源流：八路查拳第二十九式。

技法：架、推。

动作过程： 左腿屈膝提起；同时，双掌腹前交叉上举至头上方架掌，左掌在上，右掌在下；目视上方。重心向左侧下落，左脚落地屈膝半蹲成半马步；同时，双掌外分下落于两侧腰间屈肘，掌心向上；目视前方。右脚向右外侧蹬地成横裆步；同时，双掌由腰间向体前直臂推出，与肩同高；目视前方。

动作要点： 横裆步与双推掌同时完成，力达掌外沿。

横裆步 002
传统术语：提袍式。
现代名称：横裆步亮掌。
源流：四路查拳第七式。
技法：勾挂、架。

动作过程：（1）双腿屈膝半蹲；同时，右掌附于左前臂内侧；左掌由左向上、向右、向下弧形勾挂至身体左侧，勾尖向下，与肩同高。随即右掌向头右上方穿举后，右臂微内旋回屈，右掌心向右前方撑架。
（2）左腿屈膝提起，向左侧横迈一步成横裆步；目视前方。

动作要点：手法、腿法清晰；架掌力达掌根。

1.8 坐盘

坐盘 001
传统术语：罗汉式。
现代术语：坐盘栽拳。
源流：少林罗汉拳第十七式。
技法：栽、挡。

动作过程： 双腿交叉叠拢下坐成坐盘，臀部和右腿的大小腿外侧及脚面均着地，脚跟接近臀部；同时，右臂外旋屈肘上抬，肘尖向身体右侧下方，右拳拳面向右太阳穴处；左臂屈肘，左拳下栽于右脚掌上方；目视左上方。

动作要点： 左腿屈膝在右腿上横盘贴近胸部；栽拳力达拳面。

坐盘 002

传统术语：盘虬卧龙。

现代术语：坐盘插掌。

源流：埋伏拳第二段第一式。

技法：插。

动作过程： 双腿交叉叠拢屈膝下坐成坐盘；同时，右掌从右腰间向右侧前下方插出，指尖向右下方；左掌后摆至左上方，高于头，指尖向左上方；目视右掌方向。

动作要点： 坐盘上体微左拧，坐盘与插掌协调一致；插掌力达指尖。

坐盘 003

传统术语：枯树盘根。

现代术语：坐盘十字掌。

源流：长拳体系。

技法：挡、推。

动作过程： 双腿交叉叠拢下坐成坐盘；同时，双掌胸前十字交叉，右掌在外，左掌在内，掌心向身体两侧，指尖均向上；目视左方。

动作要点： 拧身下坐，坐盘与十字掌同时完成，力达前臂侧。

1.9 独立步

独立步 001

传统术语：流星赶月。

现代术语：提膝架推掌。

源流：二路查拳第十二式。

技法：穿、架、推。

动作过程：（1）左脚向左开步，右腿屈膝全蹲成左仆步；同时，双掌沿左腿内侧向前穿出。随即重心前移，右脚向前盖步落地；同时，双掌穿至左掌与肩同高，右掌置于左肘下方，双臂肘关节微屈；目视前方。

（2）右腿支撑，左腿屈膝提起；同时，右掌向上划弧上架至头上方，掌心向上；左掌稍回收后向前推出，掌心向前；目视左掌方向。

动作要点：提膝迅速，与架推掌协调一致；推掌力达掌外沿。

独立步 002
传统术语：乌云捧月。
现代术语：提膝挎肘。
源流：二路查拳第十七式。
技法：挂。

动作过程：（1）左脚向左横向开步；同时，右臂直臂向上、向后抡绕至与腰同高，掌心向下；左臂向前直摆，与肩同高，掌心向右；目视左掌。

（2）重心左移，左腿直立支撑，右腿屈膝提起；同时，右掌向前、向上屈臂挎肘，肘与肩同高，掌指朝后；左掌屈肘摆附于右臂内侧；目视右方。

动作要点：提膝迅速，挎肘力达前臂。

独立步 003

传统术语：力举千斤。

现代术语：提膝上穿。

源流：三路查拳（甲）第五式。

技法：插、勾挂。

动作过程： 右腿支撑，左腿屈膝提起；同时，右掌向头上方穿举，掌心向左；左勾手摆至体后，勾尖向上；目视左方。

动作要点： 提膝迅速，插掌力达指尖。

独立步 004

传统术语：单刀直入。

现代术语：提膝盖打。

源流：三路查拳第十一式。

技法：盖、冲、架。

动作过程：（1）右脚向前上步，左腿屈膝下蹲，脚跟提起；同时，右拳上提至腰间，拳心向上；左掌由上向体前划弧盖掌，掌心向下，指尖向右；目视左掌。

（2）右腿蹬膝直立支撑，左腿屈膝提起；同时，右拳向前下方冲出，拳眼向上；左掌变拳向上屈肘架至头左上方，拳心向上；目视右拳方向。

动作要点：提膝迅速，冲拳力达拳面。

独立步 005

传统术语：寻花问柳。

现代术语：提膝挑掌。

源流：三路查拳第六十五式。

技法：挑。

动作过程：（1）右臂直臂前挑，与肩同高；左拳收至左腰间；目视前方。

（2）右腿支撑，左腿屈膝提起；同时，左拳变掌向前上挑起，高与眉平，肘关节微屈；右掌变拳收至右腰间；目视左掌方向。

动作要点：提膝迅速，与挑掌协调一致；挑掌力达掌指。

独立步 006

传统术语：春云乍展。

现代术语：独立式。

源流：四路查拳第十四式。

技法：架、刁。

动作过程：右腿支撑，左腿屈膝提起；同时，右掌顺身体右侧向外划弧上架至头右上方，肘微屈，掌心向外；左掌提腕勾手于身体左侧平举，勾尖向下；目视前方。

动作要点：提膝与架掌勾手协调一致；勾手力达勾顶。

独立步 007

传统术语：跨栏现捶。

现代术语：提膝挎肘。

源流：四路查拳第四十三式。

技法：格。

动作过程：右腿支撑，左腿屈膝提起；同时，右拳向体后摆举，拳眼向下；左拳在体前由左向下弧形挎举屈肘至左前方，拳心向内；目视左拳方向。

动作要点：提膝格肘同时完成；格肘力达前臂外侧。

独立步 008

传统术语：通天炮。

现代术语：踏步上冲拳。

源流：四路查拳第六十七式。

技法：架、冲 、拨。

动作过程：（1）双腿微屈下蹲；同时，右掌变拳上提至腰间，拳心向上，左掌由左侧弧形上举至头上方，掌心向上；目视前方。

（2）右脚提起，随即下踏步震脚后支撑站立，左腿屈膝提起；同时，右拳向上冲出，拳心向左；左掌落于右胸前，掌心向右；目视左方。

动作要点：提膝上冲拳同时完成；冲拳力达拳面。

独立步 009

传统术语：更鸡独立。

现代术语：提膝挑掌。

源流：六路查拳三十九式。

技法：挑。

动作过程： 左腿支撑站立，右腿屈膝提起；同时，右掌向前划弧上挑，指尖向上，肘微屈；左拳收抱于左腰间，拳心向上；目视前方。

动作要点： 提膝挑掌完成迅速；挑掌力达掌指。

独立步 010

传统术语：霸王敬酒。

现代术语：提膝劈掌。

源流：六路查拳第四十七式。

技法：捋、劈。

动作过程：（1）左脚向前上步；同时，左掌由右胸前向上、向体前划弧，虎口撑圆向前；目视左掌。

（2）重心前移，左腿支撑站立，右腿屈膝提起；同时，右掌直臂在体前由上向前、向下劈掌，与髋同高，掌心向左；左掌屈肘附于右臂内侧；目视右掌。

动作要点：抡臂下劈，力达掌外沿。

独立步 011

传统术语：迎风挥扇。

现代术语：提膝挑掌。

源流：六路查拳第六十二式。

技法：挑。

动作过程：（1）左脚向前上步；同时，右掌向前、向上抡臂至体后，与肩同高；左掌直臂前挑，与肩同高；目视前方。

（2）重心前移，左腿支撑站立，右腿屈膝提起；同时，右掌向下、向前挑掌，肘关节微屈，与鼻同高；左掌向上抡臂至体后，与肩同高；目视右掌方向。

动作要点：沉腕挑掌，力达掌指。

独立步 012

传统术语：顺风摆柳。

现代术语：提膝盖掌。

源流：七路查拳第十式。

技法：推、插、切、盖。

动作过程：（1）双腿屈膝半蹲；同时，左掌向左推掌，与肩同高；右拳收至右腰间，拳心向上；目视左掌。

（2）下肢不动；右拳变掌向左侧插出，掌心向下，与肩同高；左掌同时回收于右肘下，掌心向下。右掌向左、向后经面前向右绕至身体左侧；左掌向上、向下绕一小弧，附于右上臂上，掌心向下。随即左掌顺右臂内侧横掌向左切击；右掌回收于腹前，掌心向上。右掌经左掌背向左插出，掌心向下；左掌同时回收于右肘下，掌心向下；目视右掌。

（3）下肢不动；右掌以手腕为轴，向左、向上旋转一周至掌心向上。随即右脚向右前方上步，左腿屈膝提起；同时，右掌背向右上方盖出，掌心向上，稍高于肩； 左掌不动；目视右掌。

动作要点：手法变换清晰；提膝盖掌力达掌背。

独立步 013

传统术语：金鸡捣架。

现代术语：击步独立架冲拳。

源流：九路查拳第四十九式。

技法：冲、架。

动作过程：（1）左脚向左开步蹬地起跳，右脚离地在空中碰击左脚后，右脚、左脚依次落步；同时，右拳收至右腰间；左拳向前冲出；目视左拳。

（2）右脚向前上步支撑站立，左腿屈膝提起；同时，左拳上架至头上方，拳心向上；右拳向前冲出，与肩同高，拳眼向上；目视冲拳方向。

动作要点：击步步法连贯；冲拳力达拳面。

独立步 014

传统术语：悟空摘星。

现代术语：提膝上穿掌。

源流：八路查拳第三十九式。

技法：按、穿、架。

动作过程：（1）右脚向后撤步，重心移至右腿屈膝半蹲；左膝微屈，前脚掌着地成左虚步；同时，右掌收至腰间，掌心向上；左掌向后、向上划弧按至左膝前，掌心向下；目视左掌。

（2）右腿支撑站立，左腿屈膝上提；同时，右掌沿左臂内侧向上穿出，上撑至头上方，肘关节微屈，掌心向上；左掌不动；目视前方。

动作要点：提膝迅速；右掌穿撑力达掌根。

独立步 015

传统术语：拉弓式。

现代术语：提膝左冲拳。

源流：少林拳六步大驾第一段第三式。

技法：拉、冲。

动作过程：（1）右脚向右侧横跨一步；同时，右掌由右侧向上、向左经面前按落于左胸前，掌心向下；左臂屈肘立掌至右胸前，掌心向右。

（2）右腿直立支撑，左腿屈膝提起；同时，左掌变拳向左侧冲出，力达拳面；同时，右掌变拳，拳心向下，右臂肘尖向右肩外发力横拉；目视左拳方向。

动作要点：提膝冲拳协调一致；冲拳力达拳面。

独立步 016

传统术语：迎风吐艳。

现代术语：提膝探身扣拳。

源流：长拳体系。

技法：盖。

动作过程： 左腿直立支撑，右腿屈膝提起，上身右转探出；同时，左掌由左向上、向右盖掌后，右拳经左臂内侧，外旋臂向右翻扣，拳背向下；同时，左掌收至右臂下方，掌心向下；目视右方。

动作要点： 盖掌、扣拳协调连贯，扣拳力达拳背。

独立步 017

传统术语：霸王举鼎。

现代术语：提膝架勾手。

源流：少林二路小洪拳第十一式。

技法：架、勾挂。

动作过程： 右腿直立支撑，左腿屈膝提起；同时，右掌上架至头前上方，掌心斜向上；左掌变勾手搂摆至体后，勾尖向上；目视左方。

动作要点： 提膝勾手架掌挺胸立身；架掌力达掌根。

独立步 018
传统术语：雷公飞天。
现代术语：提膝双冲拳。
源流：少林大通背拳第二十三式。
技法：冲。

动作过程： 右腿直立支撑，左腿屈膝提起；同时，双掌变平拳向前冲出，拳心向下，与肩同高；目视前方。

动作要点： 提膝、双冲拳同时完成；冲拳力达拳面。

独立步 019
传统术语：提膝推掌。
现代术语：提膝推掌。
源流：六路罗汉十八手第十二式。
技法：推。

动作过程： 右腿直立支撑，左腿屈膝提起；同时，右掌屈肘收至左胸前，指尖向上；左掌向前推出，掌心向前，指尖向上；目视左掌方向。

动作要点： 提膝迅速，与推掌协调一致；推掌力达掌沿。

独立步 020

传统术语：仙人摘茄。

现代术语：提膝撩盖掌。

源流：一路罗汉十八手第十二式。

技法：盖、撩。

动作过程：左腿直立支撑，右腿屈膝提起；同时，右臂屈肘由内向外旋，右掌翻腕，掌背向右前下方盖击，掌心向上；左掌沿身体左侧向上撩起，掌心向上；目视右掌方向。

动作要点：翻盖掌手法灵活，力达掌背。

独立步 021

传统术语：金绞剪。

现代术语：提膝十字手。

源流：七路罗汉十八手第十九式。

技法：格。

动作过程：右腿直立支撑，左腿屈膝提起；同时，双掌交叉摆至胸前，右掌在外，左掌在内，掌心向外，指尖向上；目视前方。

动作要点：提膝迅速，与十字手同时完成，力达掌外沿。

独立步 022
传统术语：仙姑托盘。
现代术语：提膝托掌。
源流：八路罗汉十八手。
技法：托。

动作过程： 右腿直立支撑，左腿屈膝提起；同时，双掌于身体左侧上摆，左掌与肩同高，右掌置于左胸前，掌心均向上；目视左方。

动作要点： 转腰上托，力达掌心。

独立步 023
传统术语：金鸡独立。
现代术语：提膝抄拳。
源流：少林心意拳第四式。
技法：抄。

动作过程： 左腿直立支撑，右腿屈膝提起；同时，右拳经体前向上抄起，拳心向内；左拳摆至右膝上，拳心向下；目视右拳方向。

动作要点： 提膝迅速，与抄拳协调一致；抄拳力达拳面。

独立步 024

传统术语：紫燕斜飞。

现代术语：提膝穿掌。

源流：少林心意拳第三十八式。

技法：穿。

动作过程：右腿直立支撑，左腿屈膝提起；同时，右掌由右腰间向右上方穿出，掌心向上；左掌摆至左下方，掌心向下，指尖向前；目视右掌方向。

动作要点：提膝与穿掌同时完成，穿掌力达指尖。

独立步 025

传统术语：樵夫撅柴。

现代术语：提膝按拳。

源流：少林小通背拳第十式。

技法：按。

动作过程：右腿直立支撑，左腿屈膝提起；同时，双掌沿身体两侧划弧至头侧屈肘经胸前变拳向下磕击，拳心向下，双拳面相对；目视前方。

动作要点：提膝迅速；按拳力达拳心。

独立步 026

传统术语：白鹤亮翅。

现代术语：独立展臂。

源流：少林小通背拳。

技法：架。

动作过程：右腿直立支撑，左腿屈膝提起；同时，双掌在头上方交叉，右手在前，左手在后，向两侧分掌，肘高于肩，掌心向上；目视前方。

动作要点：分掌发力顺达，力达掌背。

独立步 027

传统术语：白猿攀空。

现代术语：提膝砍掌。

源流：二路罗汉十八手第十八式。

技法：砍。

动作过程：左腿直立支撑，右腿屈膝提起；同时，右掌上提至右腰间，掌心向上；左掌向左划弧随即左臂外旋横砍至体前，掌心向右上方；目视左掌方向。

动作要点：提膝与砍掌同时完成；砍掌力达掌外沿。

独立步 028
传统术语：金佛托天。
现代术语：提膝上撑掌。
源流：二路罗汉十八手第十式。
技法：托、架。

动作过程： 右腿直立支撑，左腿屈膝提起；同时，双掌经体前向上托起至头上方，掌心向上；目视双掌。
动作要点： 眼随手动，撑掌力达掌根。

独立步 029
传统术语：金鸡食米。
现代术语：提膝架栽拳。
源流：少林昭阳拳。
技法：架、栽。

动作过程： 右腿直立支撑，左腿屈膝提起；同时，右拳沿身体右侧向上划弧至头上方，拳心向前，拳眼向下；左拳经身体左侧向前摆至裆前，拳心向内，拳面向下；目视左前方。

动作要点： 提膝与上架、下栽协调一致；下栽拳力达拳面。

独立步 030
传统术语：鸡斗鹌鹑。
现代术语：提膝压拳。
源流：少林昭阳拳。
技法：劈、压。

动作过程： 右腿直立支撑，左腿屈膝提起；同时，右拳经左腋下向上、向右抡臂划弧下压至身体右侧，拳心向上，略低于肩；左拳向右、向上、向左抡臂划弧劈压至身体左侧，拳心向上，略高于肩；目视右拳。

动作要点： 提膝迅速，支撑稳定；压拳力达拳背。

独立步 031
传统术语：跨虎双栏。
现代术语：提膝架栽拳。
源流：少林燕形拳第二十九式。
技法：架、栽。

动作过程： 右腿直立支撑，左腿屈膝提起；同时，右拳沿身体右侧向上划弧至头上方，拳心向前，拳眼向下；左拳稍向上摆起后随即向下栽拳至左膝外侧，拳面向下，拳眼向后；目视左方。

动作要点： 提膝迅速，与上架拳、下栽拳协调一致；栽拳力达拳面。

独立步 032

传统术语：魁星抱斗。

现代术语：提膝冲拳。

源流：少林金刚拳第六式。

技法：冲。

动作过程： 右腿直立支撑，左腿屈膝提起；同时，右拳经身体右侧向上冲出，拳面向上，拳心向前；左拳屈肘摆至右腋下，拳心向下；目视左方。

动作要点： 提膝与冲拳同时完成；冲拳力达拳面。

独立步 033

传统术语：哪吒搅海。

现代术语：提膝挑掌。

源流：三路金刚拳。

技法：抡、挑。

动作过程： 左脚向后撤步；同时，右掌向前、向上划弧摆至体后；左臂向前上摆。随即右脚向后撤步，右腿直立支撑，左腿屈膝提起；同时，右掌继续向下、向体前上挑，掌心向前，指尖向上，与肩同高；左掌向上、向后抡臂摆至体后，指尖向上，略高于肩；目视右掌方向。

动作要点： 立圆抡臂，提膝与上挑掌协调一致；挑掌力达掌指。

独立步 034

传统术语：罗汉举杯。

现代术语：提膝抄拳。

源流：少林天罡拳第十一式。

技法：抄。

动作过程： 右腿直立支撑，左腿屈膝提起；同时，右拳下摆至体后，拳心向左；左拳屈肘向前上方抄起，拳心向内；目视左拳方向。

动作要点： 提膝与抄拳同时完成；抄拳力达拳面。

独立步 035

传统术语：一鹤冲天。

现代术语：提膝插掌。

源流：少林天罡拳第三十五式。

技法：插。

动作过程： 左腿直立支撑，右腿屈膝提起；同时，右掌下插于裆前，掌心向左，指尖向下；左掌由腰间向上插出，掌心向右，指尖向上；目视前方。

动作要点： 提膝迅速，与插掌协调一致；插掌力达指尖。

独立步 036
传统术语：白鹤望仙。
现代术语：提膝架掌插指。
源流：少林破莲拳第二十二式。
技法：架、插。

动作过程： 右腿直立支撑，左腿屈膝提起；同时，左掌经体前上架至头顶上方，指尖向右；右掌成剑指向前插出；目视前方。

动作要点： 提膝迅速，与架掌、插指协调一致；剑指力达指尖。

独立步 037
传统术语：独立献爪。
现代术语：提膝架拳。
源流：少林拳体系。
技法：架。

动作过程： 左腿直立支撑，右腿屈膝提起，上体右转90°；同时，右拳摆至右耳处，拳心向右，拳眼向下；左掌屈肘摆至右胸前，掌心向后，指尖向上；目视右方。

动作要点： 转腰提膝支撑稳定；架拳力达手臂外侧。

独立步 038

传统术语：浪子回头。

现代术语：提膝回身劈拳。

源流：头路查拳第三十四式。

技法：劈。

动作过程： 右腿直立支撑，左腿屈膝提起；同时，右拳向左、向上、向右抡臂劈出，拳心向前，拳眼向上；左掌向左、向上抡臂划弧至右肩前，掌心向右，指尖向上；目视右拳方向。

动作要点： 立圆抡劈，力达拳轮。

独立步 039

传统术语：孤雁出群。

现代术语：提膝勾手挑掌。

源流：《飞龙长拳》第十三式。

技法：勾挂、挑。

动作过程： 右腿直立支撑，左腿屈膝提起；同时，右掌向前、向上挑起，掌心向前，指尖向上，与肩同高；左掌向前、向上抡臂至体后成勾手，勾尖向下，略高于肩；目视右掌。

动作要点： 提膝、勾手、挑掌动作协调一致；沉腕挑掌，力达掌指。

独立步 040

传统术语：童子问路。

现代术语：提膝勾手挑掌。

源流：《飞龙长拳》第二十五式。

技法：勾挂、挑。

动作过程：右腿直立支撑，左腿屈膝提起，身体微向右转；同时，右掌向前、向上抡臂至体后成勾手，勾尖向下，略高于肩；左掌向前、向上挑起，左臂微屈，与肩同高；目视左掌方向。

动作要点：提膝、勾手、挑掌动作协调一致；沉腕挑掌，力达掌指。

独立步 041

传统术语：推门迎客。

现代术语：提膝双推掌。

源流：《飞龙长拳》第二十九式。

技法：推。

动作过程：右腿支撑直立，左腿屈膝提起；同时，双掌向身体右侧推出，右臂伸直，左臂微屈置于右臂内侧，指尖均向上；目视右掌方向。

动作要点：提膝、双推掌同时完成；推掌力达掌外沿。

1.10 丁步

丁步 001

传统术语：舞花虎抱头。

现代术语：丁步架盘肘。

源流：炮拳第八式。

技法：横击、盘。

动作过程：（1）右脚向右开步，身体微左转；同时，右拳向左前方横摆，拳眼向上，与肩同高；左拳摆至体后，拳眼向上，与肩同高；目视右拳。

（2）左脚向右脚内侧靠拢，脚跟提起，双腿屈膝半蹲成丁步；同时，右拳向上架至头上方，拳心向前，拳眼向下；左拳向前、向右划弧至体前屈臂盘肘，拳心向下，拳眼向内；目视左方。

动作要点：摆臂、上架动作协调连贯，丁步与架盘肘同时完成。

丁步 002

传统术语：大鹏展翅。

现代术语：丁步亮掌。

源流：《飞龙长拳》第五式。

技法：穿。

动作过程：右脚向右开步，左脚向右脚内侧靠拢，左脚跟提起，双腿屈膝半蹲成左丁步；同时，右掌向右、向前、向左划弧经腹前摆至右上方抖腕亮掌，掌心斜向上；左掌从右臂上方穿出划弧至左后斜下方，掌心向上；目视左前方。

动作要点：穿掌手法清晰，丁步与亮掌同时完成；亮掌力达掌根。

2 步法

2.1 垫步

垫步 001

传统术语：纫镫上马。

现代术语：垫步摆掌。

源流：三路查拳第二十三式。

技法：挑、架。

动作过程： 右腿屈膝向前上步；同时，右掌收至腹前，掌心向上；左掌经身体左侧上摆至头上方，掌心向上。随即右脚蹬地跳起，左腿屈膝提起，上体左转；同时，右臂随转体经左侧弧形上举至头右上方，掌心向右上方；左臂下落摆至体后，掌心向后，指尖向上；目视左掌方向。

动作要点： 步法连贯，动作舒展；垫步与摆掌协调一致；架掌力达掌根。

垫步 002
传统术语：鹰击长空。
现代术语：垫步提膝横拳。
源流：长拳体系。
技法：横击。

动作过程：左脚向前上步；同时，右臂屈肘，右拳摆至左胸前，拳眼向上；左掌向身体左侧上摆，略低于肩。随即左脚蹬地跳起，右腿向身体左侧屈膝提起；同时，右臂向身体右侧发力横击平摆，力达拳背，拳眼向上；左臂屈肘，左掌摆至右肩前，指尖向上；目视右拳方向。
动作要点：垫步与提膝、横拳协调配合；横拳力达拳背。

垫步 003

传统术语：青龙出水。

现代术语：跳提膝冲拳。

源流：长拳体系。

技法：撩、架、冲。

动作过程： 右脚向前上步蹬地跳起腾空，左腿屈膝提起，上体左转；同时，左掌向前撩出后左臂撑圆上举，左掌架至头左上方；右拳随转体向右冲出，拳眼向上；目视右拳方向。

动作要点： 空中动作舒展；提膝与架冲拳动作协调一致；冲拳力达拳面。

垫步 004

传统术语：冲云斗牛。

现代术语：垫步提膝插掌。

源流：长拳体系。

技法：插、勾挂。

动作过程：左脚、右脚依次向左前方上步；同时，双臂在身体右侧向前、向上、向后立圆抡臂一周。右脚蹬地跳起，左腿屈膝上提；同时，右掌由右侧腰间向前插出，掌心向上，指尖向前；左掌变勾手，经身体左侧由下向后勾挂，勾尖向上；目视插掌方向。

动作要点：立圆抡摆，垫步与提膝、插掌协调配合；插掌力达指尖。

垫步 005

传统术语：揭杆击鼓。

现代术语：垫步提膝冲拳。

源流：长拳体系。

技法：架、冲。

动作过程： 右脚蹬地跳起，左腿屈膝上提；同时，右拳向右侧立拳冲出，拳眼向上；左掌由下向右上架至头顶上方，掌心向上；目视右拳方向。

动作要点： 动作舒展，垫步与提膝、冲拳协调一致；冲拳力达拳面。

2.2 弧形步

弧形步 001

传统术语：仙人换影。

现代术语：弧形步并步冲拳。

源流：三路查拳第十二式。

技法：抄、挑、冲。

动作过程：（1）左脚、右脚依次向右前方上步；同时，右拳向右前方挑出，拳面向前上方；左拳摆至体后，拳心向下；目视右拳方向。

（2）左脚向右前方弧形上步；同时，左拳变掌，由下向体前挑掌，与肩同高，指尖向上；右拳向上抡摆至体后，随即回收至腰间，拳心向上；目视左掌。

（3）右脚向前收至左脚内侧并步，屈膝半蹲；同时，右拳向前冲出，拳眼向上；左掌回收附于右肘内侧，指尖向上；目视右拳方向。

动作要点：弧形步重心平稳，并步与冲拳协调一致；冲拳力达拳面。

弧形步 002

传统术语：缭绕金龙。

现代术语：弧形步并步双劈掌。

源流：四路查拳第十五式。

技法：穿、挂、劈。

动作过程：（1）左脚向左前方上步；同时，右掌经右下向左前方穿举，掌心向上，掌指向前；左掌向左后方直臂提腕勾手，臂直与肩平，勾尖向下；目视右前方。

（2）双臂姿势不变，右脚向右前方上步，脚尖微外展；目视右前方。

（3）左脚向右前方上步，重心前移，右脚跟提起；同时，左掌由后向上、向前摆至右臂内侧，双掌指尖向上；目视右掌。

（4）右脚向右前上步，左脚并于右脚内侧；同时，双掌向下、向左经上向右前方摆掌，指尖向上，右臂微直，左掌附于右肘内侧；目视右掌。

动作要点：弧形步重心平稳，步行身随；双臂划弧成立圆；劈掌力达掌外沿。

弧形步 003

传统术语：顺风使舵。

现代术语：弧形步并步盖打。

源流：七路查拳第十一式。

技法：盖、冲。

动作过程：（1）左脚向右前方上步，脚尖外展，右脚经左脚向前弧形上步，脚尖内扣；同时，右掌外旋上摆至身体右侧，掌心向上，略高于肩；左掌屈肘摆至右胸前，掌心向下，双掌随身体自然平移；目视右掌。

（2）左脚经右踝内侧向左前方上步；同时，右掌向左平摆至左肩外侧，与肩同高；左掌回收于右腋下，掌心向下；目视右掌。

（3）重心前移，右脚向左脚前上步；同时，右掌变拳下落至右腰间抱拳，拳心向上；左掌向下、向后、向前弧形盖出，掌心向前；目视左掌。

（4）左脚向右脚并步，屈膝半蹲；同时，右拳向前进方向冲出，拳眼向上；左掌回收附于右肘内侧；目视右拳。

动作要点：弧形步重心平稳，并步与冲拳同时完成；冲拳力达拳面。

弧形步 004

传统术语：鹞山式。

现代术语：弧形步。

源流：七路查拳四十五式。

技法：挑。

动作过程：（1）上体微右转，左脚向左前方上步；同时，左拳上摆至左上方；右臂侧平举，拳心向右；目视右拳。

（2）右脚经左脚内侧向右前方上一大步，脚尖外展，左脚经右脚内侧向右前方上一大步，脚尖内扣，随即右脚继续向右前方弧形上步，脚尖外展，双膝微屈；同时，右拳微下落，左拳微上举；目视右拳方向。

动作要点：弧形步重心平稳，步行身随；力达左臂外侧。

弧形步 005

传统术语：移形式。

现代术语：弧形步虚步挑掌。

源流：头路查拳第十式。

技法：挑。

动作过程：（1）左脚向右前方上步，脚尖外展；同时，右掌向前、向上摆至体后，略高于肩，指尖向上；左掌向右前方挑掌，与肩同高，指尖向上；目视左掌方向。

（2）右脚经左脚内侧向左前方上步，脚尖内扣，左脚向左前方上步，脚尖外展；同时，右掌下落于右腿外侧；左掌向上摆至体后，指尖向上；目视左掌。

（3）左腿屈膝半蹲，右脚向左脚前点地成右虚步；同时，右掌向前挑掌，与眉同高；目视右掌方向。

动作要点：弧形步重心平稳，虚步与挑掌协调一致；挑掌力达掌指。

2.3 换跳步

换跳步 001

传统术语：鹰贯山峰。

现代术语：跳转架打。

源流：十路查拳第六十四式。

技法：架、冲。

动作过程：（1）右脚向前上步；同时，右拳架于头前上方，拳眼向下；左拳收至左腰间，拳心向上；目视前方。

（2）左腿向前上摆起，右脚蹬地，空中身体右转，右小腿回收于左膝腘窝处；同时，左拳向身体左侧冲出，拳眼向上；目视左拳方向。

动作要点：双脚跳换轻盈，跳转与架打协调一致；冲拳力达拳面。

换跳步 002

传统术语：破门而入。

现代术语：换跳步捋手冲拳。

源流：头路查拳第六十一式。

技法：穿、挂、按、冲。

动作过程：（1）双腿屈膝半蹲，右脚跟提起；同时，右掌经体前向左摆掌；左掌经右臂内侧穿出。随即左脚蹬地，空中身体右转90°，右脚跳落步，左脚向前落步成半马步；同时，右臂向上、向右抡臂后，右掌变拳收至右腰间，拳心向上；左掌向左、向上、向下随转体在体前盖按，掌心向下，指尖向右；目视前方。

（2）右腿蹬伸成左弓步；同时，右拳向前冲出，拳面向前；左掌收至右臂下，掌心向下；目视右拳方向。

动作要点：双脚跳换轻盈、灵敏；弓步与冲拳协调一致；冲拳力达拳面。

2.4 击步

击步 001

传统术语：去步揽门。

现代术语：击步右插掌。

源流：三路查拳（乙）。

技法：插。

动作过程：（1）右脚向前上步；右掌上提至右腰间，掌心向上；左掌体后提腕成勾手，勾尖向下，略高于肩；目视前方。

（2）右脚蹬地腾空，左脚空中击碰右脚内侧；同时，右掌向前插掌，掌心向上；目视右掌方向。

动作要点：击步腾空，与勾手插掌协调一致；插掌力达指尖。

击步 002

传统术语：托天式。

现代术语：击步托掌。

源流：四路查拳。

技法：托、架、按。

动作过程：（1）左脚向左开步；同时，右掌收于腹前，掌心向上，掌指向左；左掌收于胸前，掌心向下，指尖向右；目视前方。

（2）左脚蹬地腾空，随即右脚空中击碰左脚内侧；同时，右掌经胸前向上托举，掌心向上，指尖向左；左掌下按至腹前，掌心向下，指尖向右；目视上方。

动作要点：上托下按协调一致；按掌力达掌根。

击步 003
传统术语：雀跃青枝。
现代术语：引掌击步。
源流：头路查拳第十九式。
击法：挑。

动作过程： 左脚向左开步蹬地起跳，右脚空中击碰左脚内侧，右脚、左脚向前依次落步；同时，左掌在身体左侧向上摆挑，指尖向前；右掌上摆至身体右侧，指尖向后；目视左掌方向。

动作要点： 击步腾空，空中立身中正。

击步 004

传统术语：推门见山。

现代术语：击步击掌。

源流：炮拳六路第十三式。

技法：推。

动作过程： 左脚向前上步蹬地腾空，空中上体右转，右脚在空中碰击左脚；同时，右掌抱拳于右腰间，拳心向上；左掌向左推出，指尖向上；目视左掌方向。

动作要点： 击步腾空，空中立身中正；推掌力达掌根。

2.5 跃步

跃步 001
传统术语：惊猿脱兔。
现代术语：跃步顶肘。
源流：华拳第一路第十式。
技法：撩、架。

动作过程：（1）左脚向前上步蹬地跳起，右脚向前跨出跃步；同时，右掌后摆，掌心向上；左掌直臂前摆，掌心向上；目视右掌。

（2）右脚落地，随即左脚向前落地成左弓步；同时，右掌上摆架至头顶上方，指尖向前；左掌变拳屈肘收于左肩前，拳心向下，向前顶肘；目视顶肘方向。

动作要点：跃步轻灵，弓步与顶肘协调一致；顶肘力达肘尖。

跃步 002
传统术语：赶马三捶。
现代术语：跃步跳翻身劈冲拳。
源流：埋伏拳第一段。
技法：劈、砸、冲。

动作过程：（1）左脚向前扣脚上步后，上体右转，随即左脚蹬地跃起，身体右翻转一周；同时，右拳在空中向左脚上步方向抡臂下劈（一捶）后收至右腰间，左拳在空中向左脚上步方向弧线下砸（二捶）后，左臂微屈肘握拳回收；目视左拳方向。

（2）右脚、左脚依次落地成左仆步；同时，左拳沿左腿向左脚上方立拳冲出（三捶）；目视左拳方向。

动作要点：劈拳、砸拳、冲拳技法清晰敏捷，仆步与冲拳协调一致；冲拳力达拳面。

跃步 003

传统术语：喜鹊登枝。

现代术语：跳提膝勾手推掌。

源流：长拳体系。

技法：推。

动作过程： 双脚蹬地跳起腾空，右腿屈膝上提；同时，右臂由下向后上勾手上摆，高于肩；左掌前推，高与肩平；目视左掌方向。

动作要点： 提膝过腰，与推掌、勾手同时完成；推掌力达掌外沿。

跃步 004

传统术语：猴子上树。

现代术语：跃弓步前撩掌。

源流：滑拳二路第十七式。

技法：撩。

动作过程： 右脚向前跨出跃步，右脚、左脚依次向前落步成左弓步；同时，右掌向前撩出，掌心向左，指尖向前；左掌摆至体后；目视右掌方向。

动作要点： 弓步与前撩掌协调一致；右掌前撩力达掌指。

2.6 趋步

趋步 001

传统术语：钻心锥。

现代术语：趋步撩掌。

源流：五路查拳第三十一式。

技法：穿、撩。

动作过程：（1）右腿屈膝全蹲，左脚向左开步成仆步；同时，右掌上摆至右上方，掌心向外；左掌沿左腿内侧向前下方穿出；目视左掌。

（2）右脚蹬地，重心前移，随即右脚趋碰左脚跟，左脚向前上步；同时，左掌上举，指尖向前；目视左掌。

（3）身体左转，右脚向左脚前上步成右弓步；同时，右掌由后向下、向前直臂撩举，指尖向前；左掌附于右肘内侧；目视右掌方向。

动作要点：步法敏捷，弓步与撩掌协调一致；撩掌力达掌指。

2.7 上步

上步 001

传统术语：左右揽门。

现代术语：进步连环打掌。

源流：头路查拳第五十三式。

技法：掸、砍。

动作过程：（1）右脚向前上步；同时，右掌由右向前弧形斜砍，小指外侧向左下方；左掌附于右前臂内侧；目视右掌。

（2）左脚向前上步；同时，左掌不动；右掌屈肘经左前臂内侧向上、向前划弧，指尖向前上方；目视右掌。

（3）右脚向前上步；同时，左掌不动；右掌由右向前弧形砍掌；目视右掌。

动作要点：进步与连环打掌协调配合；砍掌力达掌外沿。

2.8 踏步

踏步 001

传统术语：蝴蝶穿花。

现代术语：踏步提膝。

源流：五路查拳第四十九式。

技法：冲。

动作过程： 右膝微上提，随即右脚向下踏步，左腿屈膝上提；右拳经腰间向上冲出，拳面向上，拳心向左；左拳摆至右胸前，拳心向右，拳眼向下；目视左方。

动作要点： 右脚踏步后左膝迅速上提，提膝过腰；冲拳力达拳面。

2.9 退步

退步 001

传统术语：退敌抄掌。

现代术语：退步抄掌。

源流：华拳第四路第六式。

技法：挑。

动作过程：（1）右脚向后撤步；同时，右掌直臂后摆平举，小指外侧向上；左掌直臂由下经左膝前屈肘向右前上方弧行抄举，指尖向上，小指外侧向前，与眉同高；目视左掌。

（2）第二动与第三动，左脚、右脚依次向后撤步成左弓步，上肢动作同第一动动作相同，左、右相反。

动作要点：抄掌高不过头，力达食指外侧。

退步 002

传统术语：顺水推舟。

现代术语：退步拨掌。

源流：华拳第四路第四十九式。

技法：拨。

动作过程：右腿屈膝，左脚向后撤步成右弓步；同时，双掌由右向前、向左推拨，掌心向外，右掌在前，左掌在后，双臂屈肘成环状；目视前方。

动作要点：退步与拨掌协调一致，力达掌心。

2.10 插步

插步 001

传统术语：修形出动。

现代术语：弧形插步双劈拳。

源流：二路查拳第四十九式。

技法：挂、劈。

动作过程：（1）左脚向前上步，膝关节弯曲，脚尖外展；同时，双臂经身体右侧由后向上摆臂上举；目视前方。

（2）身体左转90°，右脚向右侧扣脚上步，膝关节弯曲；同时，双拳下落至身体右侧，右拳与肩同高，左拳与胸同高；目视右拳方向。

（3）左脚向右脚右后方插出；同时，双拳直臂由下向左、向上、向右抡臂劈拳，右拳略高于肩，拳心向前，左拳置于右肘关节下方，拳心向后；目视右拳方向。

动作要点：立圆抡臂，上步与抡臂协调配合；劈拳力达拳轮。

插步 002

传统术语：抹月批风。

现代术语：插步穿抹掌。

源流：长拳体系。

技法：插、穿、抹。

动作过程：（1）上体微右转，左脚向左后方横跨一步；同时，左掌经左腰侧向右前方穿掌，掌心向上；右掌收于右腰侧；目视左掌方向。

（2）身体微左转，右脚向左脚后侧插步，膝关节弯曲；同时，左臂内旋，左掌向左、向后摆动，掌心向外；右掌向右、向前平抹，掌心向上；目视右掌方向。

动作要点：以腰带臂，与步法协调配合。

插步 003

传统术语：野马跳涧。

现代术语：跳插步穿掌。

源流：滑拳二路第三十九式。

技法：穿。

动作过程： 右脚向前上步，脚尖外展；同时，右掌向前穿出。右脚蹬地跃起，身体右转，左脚向右脚左侧落地，随即右脚向左脚左后方插出；同时，左掌经右臂下方向左前穿出，指尖向前；右掌收至左胸前，掌心向上；目视左掌方向。

动作要点： 插步迅速，与穿掌协调一致；穿掌力达指尖。

插步 004

传统术语：鹞子抓肩。

现代术语：抓肩压肘。

源流：四路查拳第三十九式。

技法：抓、压、格。

动作过程：（1）右脚向左脚左后方插步；同时，右掌落于左肩上；左掌直臂摆向身体左侧后成勾手，勾尖向上；目视右掌。

（2）左脚向左横跨一步成马步；右掌变拳收抱于右腰间；左勾手变拳，由后向上、向下屈臂压肘至左胸前，拳心向内；目视左拳。

动作要点：抓肩压肘技法清晰；压肘力达肘尖。

插步 005

传统术语：凤鸣翅舞。

现代术语：插步翻腰。

源流：长拳体系。

技法：穿、挂。

动作过程：（1）左脚向右脚右后方插出；同时，右掌经腹前摆至身体左侧后向上、向右划弧；左掌指沿右臂内侧向右下方穿出后向下、向左划弧。

（2）上体向左翻转一周，双脚随转体踉转；同时，两臂伸直随身体翻转；目视前上方。

动作要点：翻腰抡臂呈立圆；穿掌力达指尖。

插步 006

传统术语：哪吒撤环。

现代术语：抡臂翻身。

源流：长拳体系。

技法：插、穿、挂。

动作过程：（1）右脚向前摆脚上步；同时，右掌由腰间向前插掌，掌心向上；左掌收于左腰间，掌心向上；目视右掌。

（2）左脚向前上步，同时上体右转90°，右脚向左脚外侧横向插出；同时，左掌沿右臂上向左穿出后向下变勾手，勾尖向下；右掌顺左臂下收回左腋前；目视左勾手。

（3）上体右转180°，双脚随转体碾转；同时，右臂随转体立圆抡臂一周后，由体后摆至身体左侧；左臂随转体立圆抡臂一周至身体右侧。随即上体前俯，左脚提起，右脚以脚掌为轴，身体向左翻身一周，左脚落于右脚右前方，双膝微屈；同时，双臂随身体翻转抡摆一周半至身体两侧，掌心向前，掌指向身体两侧；目视前方。

动作要点：抡臂翻身呈立圆，动作连贯；插掌力达指尖。

2.11 震脚

震脚 001

传统术语：千斤坠地。

现代术语：震脚蹲步双摆掌。

源流：十路查拳第三式。

技法：托、劈。

动作过程：（1）右腿屈膝提起；同时，双掌由体前上托举于胸前，指尖相对，掌心向上；目视双掌。

（2）右脚下落震脚并于左脚内侧，双腿屈膝半蹲；同时，双掌由右经面前绕至身体左侧，与肩同高，左掌心向左，右掌附于左肘内侧，掌心微向内，两肘微屈；目视左掌方向。

动作要点：震脚发力；双摆掌呈立圆，力达掌根。

2.12 盖步

盖步 001

传统术语：覆海移山。

现代术语：盖步翻身。

源流：长拳体系。

技法：穿、抡挂、击。

动作过程：（1）左脚向左开步，右脚向左脚左前方盖步；同时，右掌经腹前摆至身体左侧后向上、向右划弧；左掌指沿右臂内侧向右下方穿出后向下、向左划弧。

（2）双脚踉转，上体向左翻转一周；同时，双臂伸直随转体摆臂呈立圆。随即左脚向左横跨一步，右脚并于左脚内侧；同时，右臂向下、向左抡摆至头顶上方，左掌在头顶上方击拍右掌背；目视前方。

动作要点：翻腰抡臂呈立圆，动作连贯；穿掌力达指尖。

盖步 002
传统术语：拔山击豹。
现代术语：盖步冲拳。
源流：长拳体系。
技法：冲。

动作过程： 右脚向左脚外侧盖步，双膝微屈；同时，右拳由右腰间向身体右侧立拳冲出，拳眼向上；左掌摆至右臂内侧，指尖向上；目视右拳方向。
动作要点： 盖步与冲拳协调一致；冲拳力达拳面。

2.13 其他

其他 001
传统术语：黑熊捉蛙。
现代术语：抡臂拍地。
源流：长拳体系。
技法：勾挂、拍。

动作过程： 左脚向左开步，上体左转，右脚向前落于左脚内侧，双腿平行屈膝全蹲；同时，左臂经体前立圆抡臂一周后，左掌变勾手摆至身体后上方；右掌由上向身体前下方拍击地面，掌心向下；目视右掌。

动作要点： 肩松抡臂呈立圆；全蹲屈肘拍地，短促发力。

其他 002
传统术语：拔地震山。
现代术语：双掌拍地。
源流：长拳体系。
技法：拍。

动作过程： 左脚向左开步；双臂同时由身体两侧向上摆至头顶上方。随即双腿屈膝全蹲；双掌下落拍地；目视双掌。

动作要点： 落地全蹲，屈肘拍地，短促发力。

其他 003
传统术语：梅花手。
现代术语：转身云手。
源流：长拳体系。
技法：绞。

动作过程： 左脚向右脚右后方撤步；同时，双掌胸前交叉，右掌在上，掌心向下，左掌在下，掌心向上。随即身体左转，头上仰；同时，双掌向左上方绞腕花；目视双掌。

动作要点： 云手技法清晰，眼随手动。

3 腿法

3.1 直摆

直摆 001

传统术语：立锥蹬天。

现代术语：正踢腿。

源流：少林大梅花拳第二十一式。

技法：踢、压。

动作过程：（1）左脚上步，右腿直膝勾脚踢至前额；同时，双拳收抱于腰间；目视前方。

（2）右脚下落向后撤步，身体右转180°，右腿屈膝下蹲，左脚尖前点成左虚步；同时，双拳变掌由左右两侧向上划弧落于胸前，左手在前，右手收于左臂内侧，指尖向上；目视前方。

动作要点：正踢腿挺胸立腰、快速有力。

直摆 002
传统术语：迎面脚。
现代术语：架掌勾手正踢腿。
源流：燕青拳第三式。
技法：架、勾挂、踢。

动作过程： 左脚向前上步后，右腿直膝勾脚上踢至前额；同时，左掌向前、向上架至头顶上方，指尖向右；右勾手后摆至体后，勾尖向上；目视前方。

动作要点： 上踢挺胸立腰、快速有力；架掌力达掌根。

直摆 003

传统术语：闸刀式。

现代术语：侧踢腿。

源流：长拳体系。

技法：踢。

动作过程： 右脚向前摆脚上步，上体右转，左脚勾脚尖侧踢至头后，脚掌向上；同时，左臂屈肘立掌摆于右胸前；右臂微屈上摆，右掌架于头上方，掌心向上，指尖向左；目视前方。

动作要点： 侧踢腿挺胸立腰、快速有力。

直摆 004

传统术语：开屏式。

现代术语：外摆脚击响。

源流：查拳基本动作。

技法：摆、击（拍）。

动作过程： 左脚向前上步，右腿直膝向左上方斜踢，经面前向身体右侧划弧摆踢；同时，左掌击拍右掌手背后，左掌、右掌依次击拍右脚面后右脚下落；目视前方。

动作要点： 身体直立，击拍迅速，声音清脆响亮。

直摆 005

传统术语：挂面脚。

现代术语：里合腿击响。

源流：三路查拳（甲）第十六式。

技法：挂、击。

动作过程： 左脚向前上步，右腿直膝经面前里合；同时，左掌在头左侧迎击右脚掌；目视前方。

动作要点： 身体直立，合腿迅速，击响声音清脆响亮。

直摆 006

传统术语：鹞子翻身。

现代术语：后摆腿。

源流：长拳体系。

技法：摆。

动作过程： 上体向左腿右侧前俯下压，头顶向下，左腿支撑，以脚掌为轴向右外旋转一周；同时，右腿由身后向上方立圆踢摆后，上体迅速立起，右脚靠向左腿内侧挺身站立；目视前方。

动作要点： 摆腿呈立圆，下落时加速。

直摆 007

传统术语：穿袖护膝。

现代术语：上步拍脚。

源流：四路查拳第五十五式。

技法：按、踢、击。

动作过程：（1）右脚向前上步；同时，右臂屈于胸下，拳心向下；左掌举于头前方，掌心向前，指尖向右；目视前方。

（2）左脚向前上步；同时，左掌在右臂外侧下按后收于左侧腰间抱拳，拳心向上；右拳变掌举于头前上方，掌心向前，指尖向上；目视前方。

（3）右腿直膝向头顶上方摆踢；同时，右掌拍击右脚面；目视右掌。

动作要点：拍脚击响迅速，声音清脆响亮。

直摆 008

传统术语：迎风掸尘。

现代术语：斜拍脚。

源流：传统查拳小洪拳。

技法：踢、按、击。

动作过程： 左脚向前上步，右脚向左前上踢起；同时，左掌在头前上方向下拍击右脚面；目视左掌。

动作要点： 击拍迅速；声音清脆响亮。

直摆 009

传统术语：挂帐式。

现代术语：垫步左挂腿。

源流：七路查拳第二十二式。

技法：踢、挂、架。

动作过程：（1）右脚向前上步；同时，左掌向前、向上举于头上；右掌向前、向上屈臂落于左胸前，双掌掌心向外；目视左掌。

（2）右脚蹬离地面向前垫步，左腿向右前上踢摆；同时，右掌背由身体左侧向前上擦击左脚面，掌心向外；左掌后落成平举，掌心向外；目视左脚。

动作要点：掌背擦击脚面，上、下肢动作配合。

直摆 010

传统术语：一字马式。

现代术语：竖叉。

源流：长拳体系。

技法：蹬。

动作过程： 双脚同时前后分开落地成劈叉，左脚在前，脚尖勾起，右脚在后；同时，两臂向身体左右两侧平行推掌，掌心向外，指尖向上；目视前方。

动作要点： 双腿前后蹬直；推掌力达掌外沿。

直摆 011

传统术语：扑面式。

现代术语：单拍脚。

源流：三路洪拳第二十一式。

技法：击。

动作过程： 左脚向前上步，右腿直膝绷脚上踢；同时，左掌在头前上方击拍右掌背后，摆落至身体左后方；右掌向下击拍右脚面；目视右掌方向。

动作要点： 击拍迅速，声音清脆响亮。

3.2 屈伸

屈伸 001

传统术语：翻身吐芯。

现代术语：抡臂弹踢。

源流：三路查拳（乙）
第三十六式。

技法：弹踢、插、挂、架。

动作过程：（1）左脚向前上步；同时，右掌收于右腰间，掌心向上；左掌向前插出，掌心向右；目视左掌。

（2）身体右转，右脚向左腿左后方插步，身体右转180°；同时，右臂随转体由下向上立圆抡臂至身体右侧，指尖向右；左臂随转体向下上摆至身体左侧，指尖向左。身体继续右转180°，右脚屈膝震脚落步，脚尖外展，左脚脚跟抬起；同时，右臂随转体向下、向右、向上抡臂，右掌至头顶上方抖腕亮掌，掌心向上；左掌随转体向上、向下、向右挂摆至右胸前，掌心向右，指尖向上；目视左方。

（3）右腿支撑，左腿屈膝提起向左弹踢，与腰同高；目视左方。

动作要点：转身抡臂呈立圆；弹腿由屈至伸弹出，力达脚尖。

屈伸 002
传统术语：神鬼拉钻。
现代术语：弹腿推掌。
源流：四路查拳第十式。
技法：弹踢、推。

动作过程： 左脚向前上步；同时，右掌向前撩掌；左掌收至左腰间，掌心向上；目视前方。右腿屈膝提起向前弹踢，与腰同高；同时，右掌变拳收至右腰间，拳心向上；左掌向前推击，指尖向上；目视左掌方向。

动作要点： 弹腿脚面绷直，与推掌协调一致；弹腿力达脚尖。

屈伸 003

传统术语：绞手震山。

现代术语：震脚弹腿击掌。

源流：十路查拳十三式。

技法：勾挂、弹踢、推。

动作过程：（1）双腿并拢屈膝半蹲；同时，右勾手，以肘关节为轴向内、向上、向前屈腕落于胸前，勾尖向上；左掌变勾手摆至体后，勾尖向上；目视前方。

（2）右腿提起向下震脚落于左脚内侧，两脚并拢，随即左腿屈膝提起向前弹踢，与腰同高；同时，右勾手变掌向前推出；目视右掌方向。

动作要点：手法清晰；弹腿由屈至伸弹出，脚面绷直，力达脚尖。

屈伸 004
传统术语：老鸭腿。
现代术语：歇步弹腿。
源流：十路查拳第十七式。
技法：弹踢、刁、勾挂。

动作过程：（1）双腿交叉全蹲成歇步；同时，右掌以肘关节为轴，在体前由下向上、向前屈腕成勾手，勾尖向内，与胸同高；左掌摆至体后成勾手，勾尖向上；目视右勾手。

（2）右腿屈膝支撑，左腿屈膝提起向前弹踢，脚面绷直，与腰同高；目视前方。

动作要点：转身、屈腕勾手协调配合；弹腿由屈至伸弹出，力达脚尖。

屈伸 005

传统术语：智深上山。

现代术语：弹腿撩推。

源流：埋伏拳第三段第四十七式。

技法：弹、撩、勾挂、推。

动作过程：（1）右脚向前上步；同时，右臂上举；左臂后摆，左掌变勾手，勾尖向上。

（2）右腿直立支撑，左腿屈膝上提向体前弹踢，与腰同高；同时，右掌在身体左侧弧形下落，沿左腿外侧向前，在左脚绷直弹踢时，右掌外侧轻擦左脚背。随即左腿屈膝，同时，右臂屈肘回收后向前推出，掌心向前，指尖向上；目视右掌方向。

动作要点：弹腿由屈至伸弹出，力达脚尖。

屈伸 006

传统术语：浪子踢球。

现代术语：压肘弹腿。

源流：六路查拳第二十式。

技法：压、弹。

动作过程：（1）左脚向前摆脚上步；同时，右拳屈肘内旋后向前压肘，与腹同高；左拳上摆至左后方，高于头部；目视右拳方向。

（2）左腿屈膝支撑；右腿屈膝提起向前弹踢；目视前方。

动作要点：弹腿由屈至伸弹出，力达脚尖。

屈伸 007
传统术语：智深下山。
现代术语：上步后蹬腿。
源流：埋伏拳第三段第四十六式。
技法：搂、架、后蹬。

动作过程：（1）左脚向前上步，身体前俯；同时，左掌由身体左侧向后弧形撩起成勾手，勾尖向上；右掌由体前弧形向上撩摆，架至头前方，腕高与头平，掌心向前，指尖向左。

（2）右腿屈膝提起，随身体前俯向身后蹬出，脚跟高于肩；目视左后方。

动作要点：上身前俯成水平；后蹬腿力达脚跟。

屈伸 008

传统术语：二虎登山。

现代术语：垫步蹬脚。

源流：四路查拳第三十六式。

技法：蹬、挑、推。

动作过程：（1）左脚向前上步；同时，右掌由下向前挑掌，指尖向前，与肩平；左臂屈肘至右肩内侧，掌心向右，指尖向上；目视前方。

（2）左脚向前垫步，左膝微屈，右腿屈膝脚尖勾起向前蹬出；同时，右掌变拳向上摆挑至头右上方，拳心向前；左掌向前推击；目视左掌方向。

动作要点：蹬脚收胯立身，力达脚跟。

屈伸 009

传统术语：踩子腿。

现代术语：侧踹腿。

源流：十路查拳第七十三式。

技法：踹、勾挂、架。

动作过程：（1）右脚向左脚左后方插步；同时，右掌由身体右侧摆至头上方，屈肘抖腕亮掌，掌心向上；左勾手摆至体后，勾尖向上；目视左方。

（2）右腿直立支撑，上体向右侧倾，左腿屈膝提起向左上方勾脚踹出，脚高于肩；目视左脚方向。

动作要点：踹腿由屈至伸踹出，力达脚跟。

屈伸 010
传统术语：白马翻蹄。
现代术语：侧踹腿。
源流：燕青拳第十七式。
技法：踹。

动作过程：（1）左脚向前上步；同时双掌体前交叉，右掌在上，掌心向下，左掌在下，掌心向上。随即上体微右转，右脚向前摆脚上步；同时，双掌翻腕绞手至左掌在上，右掌在下；目视双掌。

（2）上体右转侧倾，右腿直立支撑，左腿屈膝提起向左上方踹出；同时，双掌向身体两侧推出，掌心向外，指尖向前；目视左脚方向。

动作要点：踹腿与双推掌协调一致，力达脚跟。

屈伸 011

传统术语：鸳鸯腿。

现代术语：点腿。

源流：七路查拳第三十一式。

技法：点、盖、插。

动作过程： 右腿屈膝提起向前上方点击；同时，左掌在胸前屈臂盖掌，掌心向下，随后收于右腋下；右掌经左掌背上方向前上方插出，指尖斜向上；目视右掌方向。

动作要点： 点腿脚高于肩，力达脚尖。

屈伸 012
传统术语：云卷金冠（倒踢紫金冠）。
现代术语：后踢腿。
源流：长拳体系。
技法：踢。

动作过程： 左腿支撑，右腿伸直向后上方踢起，过肩后微屈膝踢至头顶上方；同时，双掌分别由身体两侧向前、向上摆至头顶上方，掌心相对，指尖向上；目视上方。

动作要点： 后踢腿撩摆有力，脚面绷直，力达脚掌。

屈伸 013
传统术语：缠丝腿。
现代术语：缠丝腿。
源流：查拳弹腿拳。
技法：勾、扣、铲。

动作过程： 右腿屈膝半蹲，左腿屈膝提起勾脚由外向内划弧至右腿内侧后向左外侧横铲，力达外侧。

动作要点： 左脚勾起划弧明显；横铲力点在脚外沿。

屈伸 014

传统术语：顺风扯帆。

现代术语：推掌蹬脚。

源流：长拳体系。

技法：推、蹬。

动作过程： 左脚向前摆脚上步，上体微左转；同时，双臂屈肘胸前交叉，右掌在前，左掌在后，掌心向内。随即右脚向前蹬出，脚高于腰；同时，双掌分别向身体两侧推出，右掌心向前，左掌心向左后方，指尖均向上；目视右掌方向。

动作要点： 前蹬脚收胯立腰，与推掌协调一致；蹬脚力达脚跟。

3.3 扫转

扫转 001

传统术语：前蹚。

现代术语：转身前扫腿。

源流：查拳第五路第三十二式。

技法：扫。

动作过程：（1）右脚向前上步成右弓步；同时，右掌向前直臂撩举，掌心向左，指尖向前；左掌收至右臂内侧；目视右掌。

（2）身体左转180°，左脚向右脚后撤步，脚掌着地，双膝弯曲；同时，右掌随转体向左、向后、向右在头上方划弧。随即上体左转，重心平移至左腿，左腿屈膝全蹲，以左脚掌为轴蹍转；右腿向前、向左直膝扫转一周；同时，右臂随转体内旋至体后，右掌变勾手，勾尖向上；左掌上举至头上方，掌心向上；目视右脚方向。

动作要点：右腿收胯直膝扫转，脚尖内扣，脚掌贴地。

扫转 002

传统术语：离弦之箭（左前蹚）。

现代术语：前扫腿。

源流：查拳第七路第五十式。

技法：扫。

动作过程： 右腿屈膝全蹲，以右脚掌为轴，左腿直膝向前、向右扣脚扫转一周；同时，双掌交叉摆至胸前，右掌在内，左掌在外；目视左脚方向。

动作要点： 左腿收胯直膝扫转，脚尖内扣，脚掌贴地。

扫转 003

传统术语：左右鸳鸯。

现代术语：左扫腿右扫腿。

源流：查拳腿拳。

技法：扫。

动作过程： 右脚向右上步屈膝全蹲，左腿向前、向右直膝扫转一周。重心左移，左脚脚跟提起；同时，两掌摆至右腿内侧撑扶地面。随即以左脚掌为轴，右腿挺膝蹬直，向右扫转一周；目视右脚方向。

动作要点： 左腿、右腿扫转动作连贯，脚掌贴地扫转。

扫转 004

传统术语：后蹚。

现代术语：后扫腿。

源流：二路滑拳二十一式。

技法：扫。

动作过程：（1）左脚向前上步成左弓步；同时，上体微左转，双臂摆至身体左侧；目视双臂摆动方向。

（2）上体俯身右转，左腿屈膝全蹲成右仆步；同时，双掌摆至右腿下方撑扶地面。随即左脚跟提起，以前脚掌为轴，右腿向右后方直膝扫转一周，脚掌贴地；目视右脚方向。

动作要点：右腿直膝，脚掌贴地扫转。

4 平衡

4.1 直立式

直立式 001
传统术语：回头望月。
现代术语：望月平衡。
源流：传统查拳第三式。
技法：架、挑。

动作过程： 右腿支撑，上体侧倾拧腰向右侧方上翻，左腿由后向右上方上举，小腿屈收，脚底向上；同时，左掌上架至头顶上方，右掌向身体右侧上挑掌；目视右掌方向。

动作要点： 上举腿展胯，与架挑掌协调一致。

直立式 002

传统术语：脚蹬九天（朝天蹬）。

现代术语：抱脚朝天直立。

源流：少林天罡拳第二式。

技法：蹬。

动作过程：右腿支撑，左腿屈膝提起至腹前，右手抓抱左脚掌。随即左脚踝关节外翻，左脚掌由下向上直蹬；同时，右手抱脚至头顶上方；左掌收至腹前，掌心向上，指尖朝右；目视前方。

动作要点：抱脚上蹬迅疾有力，两腿上下成一直线。

直立式 003

传统术语：柳眉踢竖。

现代术语：侧踢抱脚直立。

源流：少林基本桩功。

技法：侧踢、抱。

动作过程： 右腿支撑，左腿沿左侧上踢至头后，脚掌向上，脚尖向右；同时，右掌在头后抓抱左脚掌；左掌收于腹前，掌心向上，指尖向右；目视前方。

动作要点： 侧踢腿快速有力，抱脚双腿上下成一直线。

4.2 仰身式

仰身式 001
传统术语：丹阳起凤。
现代术语：仰身平衡。
源流：长拳体系。
技法：点、砍。

动作过程： 右腿支撑，左腿屈膝上提；同时，右臂于身体右侧屈肘上提，掌心向外；左臂体前上摆；目视前方。随即上体后仰成水平；左脚脚尖向前上方伸出点击；同时，右掌由右向前上方砍掌，指尖向前上方；左掌收于右臂内侧；目视左脚点击方向。

动作要点： 前举腿高于水平，与上体后仰同时完成；点脚力达脚尖。

4.3 俯身式

俯身式 001
传统术语：俯地拾芥。
现代术语：探海平衡。
源流：长拳体系。
技法：按、插。

动作过程： 右腿屈膝下蹲，左脚脚掌点地；同时，左掌体前按掌；右掌收至右腰间。随即右腿直立支撑，上体左转侧倾，左腿伸直举于后上方；同时，右掌向前下方插出；左掌向后上方插出；目视右掌方向。

动作要点： 后举腿与插掌同时完成，插掌力达指尖。

俯身式 002
传统术语：雏鹰试飞。
现代术语：燕式平衡。
源流：大悲拳第四段第三十四式。
技法：踢、推。

动作过程：（1）双腿屈膝半蹲，左脚脚尖点地；同时，双掌向内收至胸前交叉，右掌在外，左掌在内，掌心均向外，指尖向上；目视前方。

（2）上体前俯，右腿伸直支撑，左腿屈膝抬起向后上方伸直点出，脚高于头；同时，双掌向左、右两侧推掌，高与肩平，掌心向外；头微上仰；目视前方。

动作要点：后举腿与推掌协调一致，脚面绷直，力达脚尖。

4.4 屈蹲式

屈蹲式 001

传统术语：卧鱼式。

现代术语：后插腿平衡。

源流：少林童子功。

技法：插、架。

动作过程： 左腿屈膝下蹲，右腿屈膝经左腿后方勾脚插出，脚尖向上；同时，左拳抱于左腰间；右掌上撑架于头上方，掌心向上，掌指向左；目视左前方。

动作要点： 后插腿与架掌抱拳协调一致；架掌力达掌根。

屈蹲式 002

传统术语：黄莺架。

现代术语：震脚扣腿。

源流：滑拳第三路（甲）第一百二十六式 。

技法：冲、扣。

动作过程： 右腿抬起向下屈膝震脚，左脚脚背扣于右膝腘窝处；同时，右拳沿身体右侧直线上冲，拳面向上，拳心向左；左掌附于右肩前，掌心向右，指尖向上；目视左方。

动作要点： 震脚有力，扣脚迅速；冲拳力达拳面。

屈蹲式 003

传统术语：白猿献果。

现代术语：扣腿冲拳。

源流：长拳体系。

技法：撩、冲。

动作过程： 右拳收于腰间；左掌向右前方撩出。随即，右腿屈膝半蹲，左脚脚背紧扣右膝腘窝处；同时，右拳向右前方冲出，拳面向前，拳心向下；左臂内旋屈肘与左肩平；目视右拳方向。

动作要点： 支撑腿大腿呈水平；扣膝迅速，与冲拳协调一致；冲拳力达拳面。

屈蹲式 004

传统术语：鹰撮霆击。

现代术语：扣腿架掌冲拳。

源流：《飞龙长拳》。

技法：架、冲。

动作过程： 右腿屈膝半蹲，左脚脚背紧扣右膝腘窝处；同时，右拳向右侧冲出，拳面向右，拳眼向上；左掌上架至头上方，掌心向上；目视右拳方向。

动作要点： 支撑腿大腿呈水平；扣膝迅速，与架掌、冲拳协调一致；冲拳力达拳面。

屈蹲式 005

传统术语：泰山压顶。

现代术语：扣腿盖掌。

源流：长拳体系。

技法：盖。

动作过程： 右脚抬起后向下屈膝震脚，左脚脚背紧扣右膝腘窝处；同时，右拳收至右侧腰间，拳心向上；左掌由上向体前下盖，掌心向下，指尖向右，与胸同高；目视左掌。

动作要点： 震脚短促有力；扣膝迅速，与盖掌协调一致；盖掌力达掌心。

屈蹲式 006

传统术语：白鸽亮翅。

现代术语：盘腿亮掌。

源流：七路罗汉十八手。

技法：压。

动作过程： 右腿屈膝半蹲，左腿屈膝抬起，左脚踝内翻盘至右大腿上；同时，双掌体前交叉由上向身体两侧分掌，左掌高于头，右掌与肩同高；目视右掌。

动作要点： 支撑腿大腿呈水平，盘腿与分掌同时完成；分掌力达掌背。

屈蹲式 007

传统术语：雏鹰展翅。

现代术语：盘腿挑掌。

源流：少林白猿螳螂拳第三式。

技法：挑。

动作过程：右腿屈膝半蹲，左腿屈膝，左脚踝内翻盘至右大腿上；同时，双掌上挑至身体两侧，指尖均向上；目视右掌方向。

动作要点：支撑腿大腿呈水平；盘腿与挑掌同时完成；挑掌力达掌指。

屈蹲式 008

传统术语：罗汉听经。

现代术语：盘腿架栽拳。

源流：少林小罗汉拳第二十五式。

技法：架、栽。

动作过程：右腿屈膝半蹲，左腿屈膝抬起，左脚踝盘至右大腿上；同时，右拳沿身体右侧向上划弧架至头上方，拳心向上；左拳向左划弧随即下栽至左膝上，拳心向外；目视前方。

动作要点：支撑腿大腿呈水平；盘腿与架栽拳同时完成，栽拳力达拳面。

5 跳跃

5.1 直体

直体 001
传统术语：蹿天猴。
现代术语：腾空二起脚。
源流：三路查拳第二十七式。
技法：踢、击。

动作过程： 右脚向前上步，蹬地向上跳起腾空；左腿提膝收于腹前；同时，左臂、右臂依次摆至头前上方后，左掌心拍击右掌背。随即右脚向前上方弹踢；同时，右掌迎击右脚面。左脚、右脚依次落地；目视前方。

动作要点： 拍击响亮，脚尖高于肩。

直体 002
传统术语：鸳鸯脚。
现代术语：连环飞脚。
源流：长拳体系。
技法：踢、击。

动作过程： 左脚、右脚依次前上步，右脚蹬地向上跃起腾空，左腿、右腿分别直摆上踢；同时，双臂依次摆至头前上方。随即双脚踢摆过肩；同时，双掌分别拍击左、右脚背。左脚、右脚同时落地；目视前方。

动作要点： 空中击拍脚背，拍击响亮，双脚脚尖高于肩。

直体 003

传统术语：双飞燕。

现代术语：双飞脚。

源流：长拳体系。

技法：踢、击。

动作过程： 双脚蹬地向上跃起腾空，双腿上提屈膝迅速向体前弹踢；同时，双掌拍击双脚脚背；目视前方。

动作要点： 空中击拍脚背，响亮迅速；双腿由屈至伸弹踢。

直体 004

传统术语：上门提槛。

现代术语：勾手箭弹腿。

源流：传统查拳二趟腿拳。

技法：勾挂、踢。

动作过程：（1）右腿屈膝向前上方摆起；同时，双掌向前微上摆；目视前方。

（2）左脚蹬地腾空，屈膝提起向前弹踢，与腰同高；同时，双掌后摆至体后成勾手，勾尖向上；目视前方。

动作要点： 腾空弹腿收胯立腰，与后勾手协调一致；弹腿力达脚尖。

直体 005
传统术语：砸夯提槛。
现代术语：腾空箭弹。
源流：头路查拳第四十式。
技法：弹踢。

动作过程：右脚向前上步；同时，双掌由前向身体两侧划弧搂收至腰间，掌心向上。随即左腿提膝，右脚蹬地腾空后屈膝向前弹踢，与腰同高；同时，右掌向前插掌，掌心向上，指尖向前；左掌向左后方插掌，掌心向上，指尖向左后方；目视右掌方向。

动作要点：腾空弹腿收胯立腰，与插掌协调一致，力达脚尖。

直体 006

传统术语：迎门三不顾。

现代术语：跳步弹腿。

源流：四路查拳第二十二式。

技法：弹踢、撩。

动作过程：（1）右脚向前上步，左腿屈膝提起；同时，右掌向前直臂撩掌，掌心向上，指尖向前；左掌提收回于左腰侧，掌心向上；目视前方。

（2）右腿蹬地腾空屈膝向前弹踢，与腰同高；同时，右掌变拳向上弧形收于右腰间；左掌向前插掌，掌心向右；目视前方。

动作要点：腾空弹腿收胯立腰，与插掌协调一致，力达脚尖。

直体 007

传统术语：车轮翻。

现代术语：侧空翻。

源流：长拳体系。

技法：摆。

动作过程：上体前俯，左脚蹬地腾空，右腿、左腿在空中依次向上、向前摆动。

动作要点：侧空翻空中摆腿双膝伸直。

5.2 垂转

垂转 001

传统术语：云涌莲花。

现代术语：腾空外摆莲。

源流：头路查拳第六十二式。

技法：摆、击拍。

动作过程： 右脚蹬地腾空，左腿向右上方直踢，脚尖向上；右腿弧形外摆，空中随转体双腿自然展开；同时，左掌、右掌在头右上方依次击拍右脚面。

动作要点： 空中击响脚尖高于肩，击拍响亮。

垂转 002

传统术语：哪吒火轮。

现代术语：上步旋风脚。

源流：六路查拳第三十二式。

技法：挂、击拍。

动作过程：右脚蹬地跳起，空中身体左转，左腿向左外侧摆动，右腿由右向左里合；同时，左掌在头左前方迎击右脚前脚掌，身体向左后旋转360°。

动作要点：空中击响脚过肩，立身旋转。

5.3 矢转

矢转 001

传统术语：风卷残云。

现代术语：旋子。

源流：长拳体系。

技法：摆。

动作过程： 上体前俯向左转腰摆动，左脚蹬地腾空，右腿向后上摆起，左腿随之摆起；同时，双臂随腾空向左右平摆；头上仰，目视前方。

动作要点： 空中摆腿伸直展体。

6 肘法

6.1 盘肘

盘肘 001
传统术语：盘马弯弓。
现代术语：弓步横击肘。
源流：长拳体系。
技法：横击。

动作过程： 左脚向左开步成左弓步；同时，右臂屈肘经体前向左横击，拳心向下；左拳摆至体后，拳心向下；目视前方。
动作要点： 上身微前倾；横击肘以腰带臂横向发力。

盘肘 002

传统术语：拨云见日。

现代术语：舞花歇步盘肘。

源流：查拳第二路第十五式。

技法：穿、盘、架。

动作过程：（1）左脚向后撤步，身体左转180°；同时，右掌由右向左屈肘至左肩前；左掌经右臂下方向右、向前穿掌，双掌胸前交叉，掌心向下。

（2）右脚向前上步；同时，右掌向后经头上方向右、向前划弧摆至体前，与肩同高，掌心向下，指尖向前；左掌向左、向后平摆至体后，掌心向下，指尖向后。

（3）左脚向右脚前盖步，双腿屈膝全蹲成歇步；同时，右掌变拳屈肘盘于胸前，拳心向下；左掌弧形向上抖腕亮掌，掌心向上，肘关节微屈；目视右肘方向。

动作要点：手法清晰，歇步与盘肘、亮掌协调一致；盘肘力达肘部。

6.2 顶肘

顶肘 001
传统术语：胸中甲兵。
现代术语：弓步顶肘。
源流：长拳体系。
技法：托、顶。

动作过程：（1）左腿支撑，右脚向下震脚屈膝下蹲，左脚脚面贴至右膝腘窝处；同时，右掌于身体右侧上托，与肩同高，掌心向上；左掌上托至右胸前，掌心向上；目视右掌。

（2）左脚向左侧落步成左弓步；同时，左掌变拳，拳心向下；右臂屈肘，掌心贴于左拳面。随即左肘尖向左侧顶出；目视左方。

动作要点：弓步与顶肘协调一致，力达肘尖。

顶肘 002

传统术语：二郎担山。

现代术语：马步双顶肘。

源流：少林拳体系六步大架第一段第五式。

技法：顶。

动作过程：（1）左脚向左侧横跨一大步；同时，双臂屈肘上提至胸前，双手握拳，左臂在上，右臂在下，拳眼向内，拳心向下。

（2）双腿屈膝下蹲成马步；同时，两肘尖向左、右两侧水平发力顶击；目视右侧。

动作要点：马步与双顶肘同时完成；顶肘力达肘尖。

顶肘 003

传统术语：肘锥心。

现代术语：跳弓步顶肘。

源流：四路查拳第四十六式。

技法：穿、顶、架。

动作过程：（1）左脚向前方上步后蹬地腾空，右腿屈膝提起；同时，双掌经腰间向前方穿出，掌心向上，双臂微屈；目视双掌。

（2）右脚、左脚依次落地成左弓步；同时，双掌回收，经腰间后，右掌变拳由右向前屈肘举于胸前，肘尖向前；左掌由下向左弧形架于头上方，掌心向上；目视右肘方向。

动作要点：步法灵活，弓步与顶肘协调一致；力达肘尖。

6.3 压肘

压肘 001
传统术语：转身劈柴。
现代术语：跨步压肘。
源流：长拳体系。
技法：压。

动作过程：左脚向左开步成左弓步；同时，右拳屈肘向左斜击，肘与肩同高；左掌划弧上摆，掌心拍击右前臂外侧；目视右肘。

动作要点：以腰带臂，力达肘部。

6.4 掩肘

掩肘 001

传统术语：小鸡护食。

现代术语：丁步掩肘。

源流：传统查拳第十八式。

技法：格。

动作过程： 双腿屈膝半蹲，左脚跟提起成左丁步；同时，右拳收至右腰间，拳心向上；左臂屈肘由身体左侧向右横格，拳心向内，拳面向上；目视左方。

动作要点： 丁步与掩肘协调一致；掩肘力达前臂内侧。